(3) 争点２における当事者の主張／261
(4) 争点３における当事者の主張／262
(5) 裁判所の判断／264
[2] 評　　釈 ………… 265

Ⅵ　事業協同組合員の死亡脱退の払戻請求権
（東京高判平成20年11月27日） ………… 266
(1) 事件の概要 ………… 266
(2) 原告の主張 ………… 267
(3) 被告の主張 ………… 267
(4) 裁判所の判断 ………… 268
■ 評　　釈 ………… 269

凡　例

法人税法	法法
法人税法施行令	法令
法人税法施行規則	法規
法人税基本通達	法基通
所得税法	所法
所得税法施行令	所令
所得税法施行規則	所規
所得税基本通達	所基通
相続税法	相法
相続税法施行令	相令
相続税法施行規則	相規
相続税法基本通達	相基通
財産評価基本通達	財基通
租税特別措置法	措法
租税特別措置法関係通達	措通
地方税法	地法
地方税法施行令	地令

(例) 法人税法第４条の５第２項第５号　➡　法法４の５②五

本書の記述は、令和４年４月１日現在の法令等に依ります。

第1章
みなし配当

みなし配当とは、会社法上の配当ではないものの、実質的に配当と変わらないことから、租税法上、配当とみなす制度をいう。

みなし配当の制度は、法人税法及び所得税法に規定されているが、抱合せ株式を除いては、おおむね同様の制度となっている。

I　制度の概要

法人税法24条1項、所得税法25条1項では、みなし配当に該当するものとして、以下のものを掲げている。

①　合併（適格合併を除く）

②　分割型分割（適格分割型分割を除く）

③　株式分配（適格株式分配を除く）

④　資本の払戻し（剰余金の配当（資本剰余金の額の減少に伴うものに限る）のうち分割型分割によるもの及び株式分配以外のもの並びに出資等減少分配をいう）又は解散による残余財産の分配

⑤　自己の株式又は出資の取得

⑥　出資の消却（取得した出資について行うものを除く）、出資の払戻し、社員その他法人の出資者の退社又は脱退による持分の払戻しその他株式又は出資をその発行した法人が取得することなく消滅させること

⑦　組織変更（当該組織変更に際して当該組織変更をした法人の株式又は出資以外の資産を交付したものに限る）

そして、法人税法24条2項では、合併法人が抱合せ株式に対し当該合併による株式その他の資産の交付をしなかった場合であっても、合併法人が当該株式その他の資産の交付を受けたものとみなして、みなし配当の規定を適用することが定められている。これに対し、所得税法にはそのような規定がないことから、法人税法上、抱合せ株式に対してみなし配当が発生したとしても、源泉所得税の徴収は不要であると考えられる。

上記のうち、⑥は持分会社を想定したものであり、基本的な取扱

いは、株式会社における自己株式の取得と大きく変わらない。そして、⑦であるが、組織変更に際して当該組織変更をした法人の株式又は出資以外の資産を交付することはきわめて稀である。そのため、本書では、上記のうち①～⑤についてのみ解説を行うこととする。

Ⅱ 合　　併

1 概　　要

⑴ 非適格合併に該当する場合

非適格合併を行った場合には、被合併法人の資産及び負債を合併の時の時価で譲渡し、対価として合併法人株式その他の資産（以下、本章において「合併対価資産」という）をその時の時価により取得し、直ちに、当該合併対価資産を被合併法人の株主に対して交付したものとして取り扱われる（法法62①）。具体的には、図表1－1を参照されたい。

■図表1－1　非適格合併における取引図

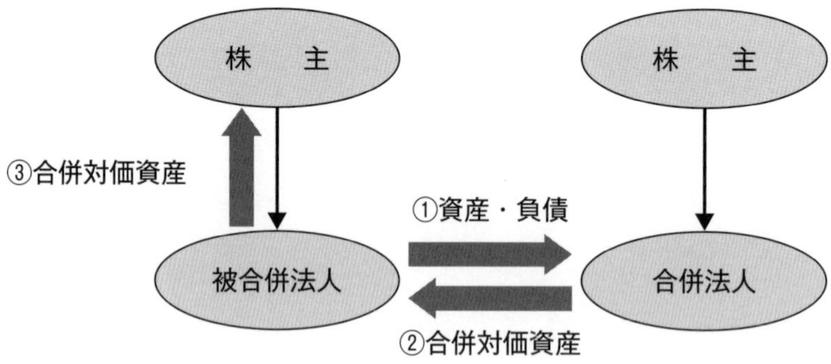

このように、被合併法人は、合併法人に移転した資産及び負債の対価として、合併対価資産の交付を受けるため、原則として、移転した資産及び負債の価額と合併対価資産の価額は等価であると考えられる。そのため、被合併法人では、合併対価資産の価額が個別資産及び負債の時価純資産価額を超える部分の金額を、資産調整勘定（のれん）に係る譲渡利益として処理することになる（法法 62 ①）。

このため、移転を受けた合併法人においても、交付した合併対価資産の価額が移転を受けた個別資産及び負債の時価純資産価額を超える部分の金額を、原則として、資産調整勘定（のれん）として処理する必要がある（法法 62 の 8 ①）。

また、被合併法人の株主が交付を受けた合併対価資産は、被合併法人から分配を受けた資産であるため、交付を受けた合併対価資産の価額がそれに対応する資本金等の額を超える部分の金額が、税務上、みなし配当として取り扱われる（法法 24 ①一、所法 25 ①一）。そして、被合併法人の株主が合併法人株式又は親法人株式のいずれか一方の株式以外の資産の交付を受けた場合には、株式譲渡損益も認識する必要がある（法法 61 の 2 ①・②、措法 37 の 10 ①・③一）。

なお、親法人株式とは、「合併の直前に当該合併に係る合併法人との間に当該合併法人の発行済株式の全部を保有する関係がある法人の株式（法令 119 の 7 の 2 ①、所規 23 の 2）」をいう。

【被合併法人】

(イ)　資産及び負債の譲渡

（借）	合併対価資産	×××	（貸）	資　　産	×××
	負　　債	×××		譲渡利益	×××

(ロ)　合併対価資産の交付

（借）	資本金等の額	×××	（貸）	合併対価資産	×××
	利益積立金額	×××		預り源泉税	×××

【合併法人】

(借)	資　　産	×××	(貸)	負　　債	×××
	資産調整勘定	×××		資本金等の額	×××
				(合併法人株式以外の合併対価資産)	×××

【被合併法人の株主】

(イ)　合併法人株式又は親法人株式のいずれか一方の株式以外の資産の交付がない場合

(借)	合併法人株式等	×××	(貸)	被合併法人株式	×××
	未収源泉税	×××		みなし配当	×××

(ロ)　合併法人株式又は親法人株式のいずれか一方の株式以外の資産の交付がある場合

(借)	金　銭　等	×××	(貸)	被合併法人株式	×××
	未収源泉税	×××		みなし配当	×××
				株式譲渡損益	×××

(2)　適格合併に該当する場合

これに対し、グループ内で合併を行う場合や、共同事業を行うために合併を行う場合には、被合併法人から合併法人に移転した資産に対する支配が継続していると考えられる（法法２十二の八)。そのため、税制適格要件を満たした合併（適格合併）を行った場合には、法人税法上、被合併法人の資産及び負債を合併法人に対して最後事業年度終了の時の帳簿価額で引き継いだものとして計算することになる（法法62の２①、法令123の３①)。その結果、被合併法人では合併に伴う譲渡損益が発生せず、合併法人では被合併法人の資産及び負債を最後事業年度終了の時の帳簿価額で引き継ぐことになる（法令123の３③)。

ここで留意が必要なのは、被合併法人と合併法人における課税所得の計算上、帳簿価額で資産及び負債を引き継いだものとして計算すると規定しているだけであって、合併比率を簿価純資産価額で行うことまでは容認していないという点である。すなわち、被合併法人の株主にとって有利な合併比率により合併を行ったときは、合併法人の株主から被合併法人の株主に対して贈与があったと考えられることから、適格合併に該当したとしても、株主間課税の問題が生じることになる。

また、合併法人株式又は親法人株式のいずれか一方の株式以外の資産が交付されていない場合には、被合併法人の株主による投資が継続していると認められるため、株式譲渡損益は認識されない（法法 61 の 2 ②、法令 119 ①五、措法 37 の 10 ③一、所令 112 ①）。さらに、適格合併に該当する場合には、被合併法人から合併法人に利益積立金額が引き継がれることから、被合併法人の株主でもみなし配当を認識しない（法法 24 ①一、所法 25 ①一）。

【被合併法人】

(イ) 資産及び負債の引継ぎ

(借)	合併法人株式	×××	(貸)	資　　産	×××
	利益積立金額	×××			
	負　　債	×××			

(ロ) 合併対価資産の交付

(借)	資本金等の額	×××	(貸)	合併法人株式	×××

【合併法人】

(借)	資　　産	×××	(貸)	負　　債	×××
				資本金等の額	×××
				利益積立金額	×××

【被合併法人の株主】

(イ) 合併法人株式又は親法人株式のいずれか一方の株式以外の資産の交付がない場合

(借) 合併法人株式等	×××	(貸) 被合併法人株式	×××

(ロ) 合併法人株式又は親法人株式のいずれか一方の株式以外の資産の交付がある場合

(借) 金　　銭　　等	×××	(貸) 被合併法人株式	×××
		株式譲渡損益	×××

2　純資産の部

(1) 非適格合併に該当する場合

非適格合併を行った場合には、被合併法人の資産及び負債を合併の時の時価で受け入れる。

しかしながら、個別資産及び負債の積上計算により、法人税法の受入処理の考え方が整理されているわけではなく、被合併法人の株主に対して交付した合併対価資産の合併の時の時価から合併法人株式以外の合併対価資産の時価を減算した金額を「資本金等の額に加算すべき金額」として算定し、合併対価資産の時価を個別の資産及び負債の時価に「配分」し、配分残余の部分を「資産調整勘定（又は差額負債調整勘定）」に「配分」するという考え方になっている。これは、法人税法施行令8条1項5号に規定する資本金等の額に係る規定と、法人税法62条の8第1項、3項に規定する資産調整勘定及び差額負債調整勘定に係る規定から読み取ることができる。

【非適格合併の仕訳】

(借)	資　　　産	×××	(貸) 負　　　債	×××
			(合併法人株式以外の合併対価資産)	×××
	資産調整勘定	×××	資本金等の額	×××
	↑		↑	
	法法62の8①		法令8①五	

そして、受入純資産価額の計算では、資本金等の額に係る条文も、資産調整勘定に係る条文も、被合併法人の株主に対して交付した合併対価資産の合併の時の時価を基礎に算定するという点に特徴がある。

■図表1－2　合併における受入処理（イメージ図）

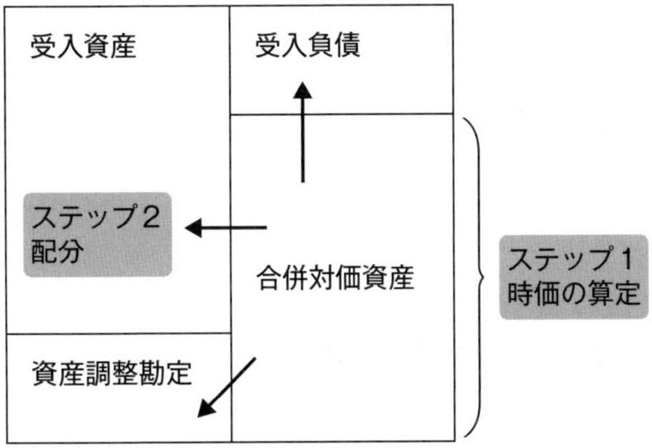

さらに、平成30年度税制改正では、対価の交付を省略したと認められる非適格合併を行った場合には、合併法人株式を交付したものとみなして資本金等の額の計算を行うことが明らかにされた（法令8①五）。

具体的には、被合併法人が合併法人に移転をした資産の価額（資産調整勘定の金額を含む）から合併法人に移転をした負債の価額（負債調整勘定の金額を含む）を控除した金額により、資本金等の額に加算すべき金額を計算することになる。

(2) 適格合併に該当する場合

① 合併法人株式を交付する場合

適格合併により、被合併法人の資産及び負債を引き継いだ場合には、被合併法人の資産及び負債を最後事業年度終了の時の帳簿価額で引き継ぐだけでなく（法法62の2①、法令123の3③）、被合併法人の適格合併の日の前日の属する事業年度終了の時における資本金等の額及び利益積立金額も引き継ぐことになる（法令8①五、9①二）。

【合併受入仕訳】

（借）純　資　産	×××	（貸）資本金等の額	×××
		利益積立金額	×××

② 合併親法人株式を交付する場合

適格合併を行った場合において、合併法人が合併親法人株式を交付したときは、当該合併親法人株式の適格合併の直前の帳簿価額に相当する金額を譲渡収入とみなすため、契約日に合併親法人株式を保有していたような特殊な場合を除き、原則として、合併親法人株式に係る譲渡損益を認識する必要はない（法法61の2⑥）。

したがって、通常の適格合併の処理と同様に、被合併法人の資産及び負債を最後事業年度終了の時の帳簿価額で引き継ぎ（法法62

の2①、法令123の3③)、被合併法人の適格合併の日の前日の属する事業年度終了の時における資本金等の額及び利益積立金額を引き継ぐのが原則であるが（法令8①五、9①二)、合併親法人株式を交付した場合には、加算すべき資本金等の額から合併親法人株式の適格合併の直前の帳簿価額を減算する必要がある（法令8①五)。

【合併受入仕訳】

(借)	純資産	×××	(貸) 合併親法人株式	×××
			資本金等の額	×××
			利益積立金額	×××

(注) 合併親法人株式とは、合併の直前に当該合併に係る合併法人と親法人との間に当該親法人による完全支配関係があり、かつ、当該合併後に当該合併法人と当該親法人との間に当該親法人による完全支配関係が継続することが見込まれている場合における当該親法人株式をいう（法令4の3①)。

③　金銭を交付する場合

適格合併を行った場合には、被合併法人の資産及び負債を最後事業年度終了の時の帳簿価額で引き継ぎ（法法62の2①、法令123の3③)、被合併法人の適格合併の日の前日の属する事業年度終了の時における資本金等の額及び利益積立金額を引き継ぐのが原則であるが（法令8①五、9①二)、金銭等（合併法人株式又は合併親法人株式のいずれか一方の株式以外の資産）を交付した場合には、加算すべき資本金等の額から金銭等の額を減算する必要がある（法令8①五)。

【合併受入仕訳】

（借）純　資　産	×××	（貸）資本金等の額	×××
		現　金　預　金	×××
		利益積立金額	×××

3　株主課税

(1)　非適格合併に該当する場合

①　みなし配当の計算

平成12年10月に政府税制調査会法人課税小委員会から公表された「会社分割･合併等の企業組織再編成に係る税制の基本的考え方」では、「分割型の会社分割や合併における分割法人や被合併法人の株主については、その取得した新株等の交付が分割法人や被合併法人の利益を原資として行われたと認められる場合には、配当が支払われたものとみなして課税するのが原則である。ただし、移転資産の譲渡損益の計上を繰り延べる場合には、従前の課税関係を継続させるという観点から、利益積立金額は新設・吸収法人や合併法人に引き継ぐのが適当であり、したがって、配当とみなされる部分は無いものと考えられる」と記載されている。

そして、前述のように、非適格合併を行った場合には、被合併法人の資産及び負債を合併の時の時価で譲渡し、合併対価資産を合併の時の時価により取得し、直ちに、当該合併対価資産を被合併法人の株主に対して交付したものとして取り扱うこととされている（法法62①）。

その結果、被合併法人の株主が交付を受けた合併対価資産は、被合併法人から交付を受けた資産であることから、みなし配当として取り扱われることになる（法法24①一、所法25①一）。そのため、合併により交付を受けた金銭の額及び金銭以外の資産の価額の合計額が、当該法人の資本金等の額のうちその交付の基因となった当該法人の株式に対応する部分の金額を超える場合には、その超える部分の金額は、みなし配当として取り扱う必要がある（法法24①一、法令23①一、所法25①一、所令61②一）。

さらに、平成30年度税制改正では、対価の交付を省略したと認められる非適格合併を行った場合には、合併法人株式を交付したものとみなしてみなし配当の計算を行うことが明らかにされた（法法24③、所法25②）。具体的には、被合併法人が合併法人に移転をした資産の価額（資産調整勘定の金額を含む）から合併法人に移転をした負債の価額（負債調整勘定の金額を含む）を控除した金額により、みなし配当の計算を行うことになる（法令23⑦、所令61⑤）。そして、合併法人株式又は親法人株式のいずれか一方の株式以外の資産の交付を受けていないことから、株式譲渡損益は認識されない（法法61の2②、法令119の7の2②）。

（注）非適格合併を行った場合には、被合併法人の株主において配当所得が発生するため、合併法人において、みなし配当の金額の20.42％に相当する源泉所得税を徴収する必要がある（所法181①、182、212③、213②二）。そして、当該源泉所得税を合併法人が負担した場合には、被合併法人の株主に対して金銭を交付したことになるため、無対価合併には該当しない。対価の交付を省略したと認められる非適格合併に該当させるためには、源泉所得税を被合併法人の株主が負担する必要があることから、被合併法人の株主から合併法人に対して、源泉所得税相当額の金銭を支払う必要がある。

②　株式譲渡損益の計算

平成12年10月に政府税制調査会法人課税小委員会から公表され

た「会社分割･合併等の企業組織再編成に係る税制の基本的考え方」では、被合併法人の株主における株式譲渡損益の計算について、「原則として旧株の譲渡損益の計上を行うことになるが、株主の投資が継続していると認められるときには、譲渡損益の計上を繰り延べることが考えられる」とした上で、「この投資の継続性は、株式を実質的に継続保有しているとみることができる場合に認められるものであり、基本的には、株主が金銭などの株式以外の資産の交付を受けるか否かにより判定することが適当である」と記載されている。

そのため、法人税法61条の2第2項、租税特別措置法37条の10第3項1号では、被合併法人の株主に対して、合併法人株式又は親法人株式のいずれか一方の株式以外の資産が交付されない合併では、株式譲渡損益を認識しないことが明らかにされている。

ここで留意が必要なのは、法人において、移転資産に対する支配が継続しているかどうかという点と、株主において、旧株に対する投資が継続しているかどうかという点は一致しないという点である。

すなわち、非適格合併に該当したとしても、被合併法人の株主に対して、合併法人株式又は合併親法人株式のいずれか一方の株式以外の資産が交付されていないのであれば、株式譲渡損益を認識すべきではないし、適格合併に該当したとしても、被合併法人の株主に対して、合併法人株式又は合併親法人株式のいずれか一方の株式以外の資産が交付されているのであれば、みなし配当を認識する必要はないものの、株式譲渡損益を認識すべきである。このように、法人において、移転資産に対する支配が継続しているかどうかという点と、株主において、みなし配当を認識するかどうかという点は一致しているものの、株式譲渡損益を認識するかどうかという点は一致しない。

（注1） 親法人株式とは、合併の直前に当該合併に係る合併法人と親法人との間に当該親法人による完全支配関係がある法人の株式をいう（法令119の7の2①、所規23の2）。

（注２） 非適格合併を行った場合には、被合併法人の株主において配当所得が発生するため、合併法人において、みなし配当の金額の20.42％に相当する源泉所得税を徴収する必要がある（所法181①、182、212③、213②二）。

（注３） 非適格合併に該当する現金交付型合併を行った場合には、みなし配当と株式譲渡損益を認識する必要がある。なお、みなし配当と株式譲渡損が発生する場合において、被合併法人の株主が法人株主であるときは、みなし配当に対して受取配当等の益金不算入（法法23）が適用され、株式譲渡損は損金の額に算入されることから、受取配当等の益金不算入に相当する部分の金額だけ、法人税法上の損失が増加する。そのため、平成22年度税制改正により、自己株式として取得されることを予定して取得した株式に対しては、上記のみなし配当に相当する金額に対して受取配当等の益金不算入を適用することができなくなった（法法23③、法令21）。しかしながら、この特例は、自己株式の取得によりみなし配当が発生する場合に限定されており、それ以外の事由によりみなし配当が発生する場合には適用されないため、現金交付型合併を行ったことにより、みなし配当が発生した場合には、たとえ、被合併法人の株主が現金交付型合併を行うことを予定して取得した被合併法人株式であっても、受取配当等の益金不算入を適用することができる。ただし、極端な事例に対しては、包括的租税回避防止規定（法法132の2）が適用される可能性があるという点に留意が必要である。

（注４） 被合併法人の株主に、被合併法人と完全支配関係のある内国法人が含まれている場合には、当該内国法人において、株式譲渡損益を認識することができず、株式譲渡損益に相当する金額を資本金等の額の増減項目として取り扱うことになる（法法61の2⑰、2十六、法令8①二十二）。

③　みなし配当及び株式譲渡損益の計上日

非適格合併を行った場合における被合併法人の課税所得の計算上、合併により移転をした資産及び負債に係る譲渡損益は、法人税法62条2項において、「当該合併に係る最後事業年度（被合併法人の合併の日の前日の属する事業年度をいう。）の所得の金額の計算上、益金の額又は損金の額に算入する」こととされているため、合併の日の前日で譲渡損益を認識することになる。

しかし、この取扱いは、合併の日の前日でみなし事業年度を区切ることから（法法14①二）、合併の日に譲渡損益を計算するのではなく、合併の日の前日に譲渡損益を計算するための制度的な仕組みが必要であるからであり、あくまでも、被合併法人の法人税の課税所得を計算するための便宜的な取扱いであると解される。

これに対し、会社法上、合併という事象が生じた日は、吸収合併では「合併の効力を生じる日」、新設合併では「成立の日」である「合併の日」と解さざるを得ない（会社法749①六、754①）。さらに、被合併法人の株主では、合併の日の前日でみなし事業年度を区切るわけではないため、上記のような便宜的な規定は設けられていない。

そのため、被合併法人の株主では、みなし配当や株式譲渡損益を「合併の日の前日」ではなく、「合併の日」に認識すべきである（法規27の3十、法基通2－1－22⑶、2－1－27⑸イ、所基通36－4⑶イ、措通37の10・37の11共－1⑹イ）。

⑵　適格合併に該当する場合

①　現金交付型合併

平成29年度税制改正により、合併の直前に、合併法人が被合併法人の発行済株式総数の3分の2以上を保有している場合には、金銭等不交付要件を満たす必要はなくなった（法法２十二の八）。そのため、現金交付型合併であっても、従業者従事要件、事業継続要件を満たせば、適格合併に該当することになる。

そして、法人税法24条１項１号及び所得税法25条１項１号では、みなし配当を認識すべき合併が「合併（適格合併を除く。）」とされているため、適格合併を行った場合には、被合併法人の株主において、みなし配当を認識する必要はない。

これに対し、法人税法61条の２第２項及び租税特別措置法37条の10第３項１号では、被合併法人の株主に対し、合併法人株式又は親法人株式のいずれか一方の株式以外の資産が交付されない場合にのみ、株式譲渡損益を認識しないことが明らかにされている。そのため、適格合併に該当したとしても、現金交付型合併を行った場合には、金銭の交付を受けた被合併法人の株主において、株式譲渡損益を認識する必要がある。

②　株式交付型合併

法人税法24条１項１号及び所得税法25条１項１号では、みなし配当を認識すべき合併が「合併（適格合併を除く。）」とされているため、適格合併を行った場合には、被合併法人の株主において、みなし配当を認識する必要はない。

そして、法人税法61条の２第２項及び租税特別措置法37条の10第３項１号では、被合併法人の株主に対し、合併法人株式又は親法人株式のいずれか一方の株式以外の資産が交付されない場合には、株式譲渡損益を認識しないことが明らかにされている。

そのため、合併法人株式又は親法人株式のいずれか一方の株式のみを交付する適格合併を行った場合には、みなし配当も株式譲渡損益も認識されない。その結果、被合併法人株式の合併の直前の帳簿価額に相当する金額を合併法人株式又は親法人株式の取得価額に付け替えるだけで（法令119①五、所令112①)、合併比率が適正でない場合を除き、課税上の問題は生じない。

さらに、平成22年度税制改正、平成30年度税制改正では、法人税法61条の2第2項において、対価の交付を省略したと認められる無対価合併を行った場合には、被合併法人の株主において、被合併法人株式の譲渡損益が生じないことが明らかにされるとともに、対価の交付を省略したと認められる無対価合併（適格合併）を行った場合には、同法施行令119条の3第17項、119条の4第1項及び所得税法施行令112条2項において、被合併法人株式の適格合併の直前の帳簿価額を合併法人株式の取得価額に付け替えることが明らかにされた。

（注） 親法人株式とは、合併の直前に当該合併に係る合併法人と親法人との間に当該親法人による完全支配関係がある法人の株式をいうのに対し（法令119の7の2①、所規23の2)、合併親法人株式とは、合併の直前に当該合併に係る合併法人と親法人との間に当該親法人による完全支配関係があり、かつ、当該合併後に当該合併法人と当該親法人との間に当該親法人による完全支配関係が継続することが見込まれている場合における当該親法人株式をいう(法令4の3①)。すなわち、合併の直前の完全支配関係のみを要求しているのが「親法人株式」であり、合併の直前のみならず、合併後の完全支配関係の継続をも要求しているのが「合併親法人株式」であるといえる。このように、「合併親法人株式」の定義に合致する株式は「親法人株式」の定義も満たすため、被合併法人の株主において、株式譲渡損益が認識されない。

4 抱合せ株式の処理

合併の直前に、合併法人が被合併法人株式を保有していた場合には、被合併法人の資産及び負債の移転を受けるだけでなく、当該被合併法人株式を消却する必要がある。そして、前述のように、法人税法の体系上、被合併法人の資産及び負債を合併法人に譲渡する又は引き継ぎ、対価として合併対価資産を取得し、直ちに、当該合併対価資産を被合併法人の株主に対して交付したものとして取り扱うこととされている（法法62①）。

そのため、合併法人が被合併法人株式を保有していた場合には、被合併法人に対して交付した合併対価資産の一部が返ってくることになる。すなわち、適格合併であれば株主としての課税は生じず、非適格合併であればみなし配当を認識する必要がある（法法24①一、法令23①一）。また、会社法上、合併法人が保有する被合併法人株式に対して、合併対価資産は割り当てないが（会社法749①三）、法人税法上は、合併に係る被合併法人の他の株主がその有していた被合併法人株式に対して当該合併対価資産の交付を受けた基準と同一の基準により、合併対価資産の交付を受けたものとして、みなし配当の計算をする必要がある（法法24②、法令23⑤）。

平成22年度改正前法人税法では、現金交付型合併を行った場合には、みなし配当だけでなく、株式譲渡損益も認識する必要があったが、平成22年度税制改正により、抱合せ株式に対して株式譲渡損益を認識せず（法法61の2③）、抱合せ株式に対して交付されるべき合併対価資産の合併の時の時価の合計額から被合併法人株式の合併の直前の帳簿価額にみなし配当の金額を加算した金額を減算した金額（抱合せ株式の譲渡損益に相当する金額）を資本金等の額の減算項目として処理することになった（法法2十六、法令8①五）。

Ⅲ　分割型分割

1　概　　要

法人税法の体系上、非適格分割を原則的な取扱いとして規定し、一定の要件を満たしたものを適格分割として規定している。すなわち、非適格分割は、分割法人の資産及び負債を分割の時の時価で分割承継法人に譲渡したものとして取り扱う制度であり（法法62①）、適格分割は分割法人の資産及び負債を適格分割の直前の簿価で分割承継法人に引き継いだ（又は譲渡した）ものとして取り扱う制度であるといえる（法法62の2②、62の3①）。

また、法人税法上、分割型分割と分社型分割に区分して規定しており、このうち、分割型分割とは、次に掲げる分割をいう（法法2十二の九）。

①　分割により分割法人が交付を受ける分割対価資産（分割により分割承継法人によって交付される当該分割承継法人株式その他の資産をいう）のすべてが当該分割の日において当該分割法人の株主等に交付される場合又は分割により分割対価資産のすべてが分割法人の株主等に直接に交付される場合のこれらの分割

②　分割対価資産がない分割（以下「無対価分割」という）で、その分割の直前において、分割承継法人が分割法人の発行済株式等の全部を保有している場合又は分割法人が分割承継法人株式を保有していない場合の当該無対価分割

そして、分社型分割とは、次に掲げる分割をいう（法法2十二の

十)。

① 分割により分割法人が交付を受ける分割対価資産が当該分割の日において当該分割法人の株主等に交付されない場合の当該分割(無対価分割を除く)

② 無対価分割で、その分割の直前において分割法人が分割承継法人株式を保有している場合(分割承継法人が分割法人の発行済株式等の全部を保有している場合を除く)の当該無対価分割

これに対し、会社法上、分割型分割と分社型分割に分けて定義をしておらず、分割型分割は、分社型分割を行うことにより分割法人が取得した分割承継法人株式が、分割の日に、分割法人の株主に対して剰余金の配当として交付されるものとされている(会社法758八ロ、763①十二ロ)。このように、分割型分割を行った結果として、分割法人の株主は、今まで保有していた分割法人株式だけでなく、分割承継法人株式をも取得することになる。

■図表1－3 非適格分割型分割の取引図

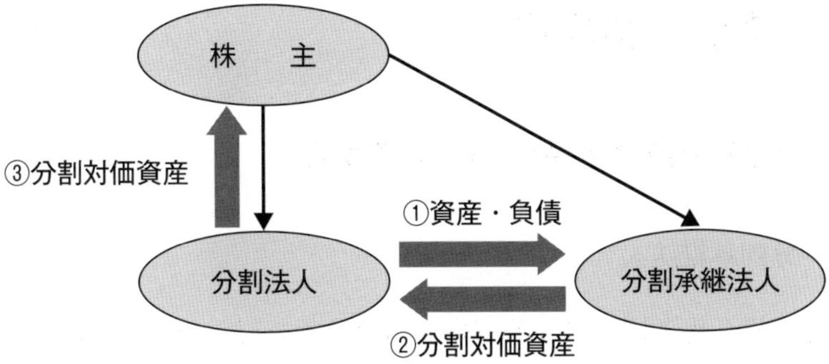

また、法人税法上、非適格分割型分割に該当した場合には、分割法人の資産及び負債を分割承継法人に対して分割の時の時価で譲渡したものとして取り扱う(法法62①)。ただし、合併と異なり、法

人税法62条1項において、「新株等（当該分割承継法人が当該分割により交付した当該分割承継法人の株式その他の資産をいう。）をその時の価額により取得し、直ちに当該新株等を当該分割法人の株主に交付したものとする」という規定がなされていない。なぜなら、分割型分割は、会社法上、「分割法人が取得した分割対価資産について、分割の日に分割法人の株主に対して剰余金の配当として交付したもの」として処理されることから、あえて、法人税法上、合併のようなみなし規定を設ける必要がなかったからである（会社法758八、760七、763①十二、765①八）。

その結果、分割法人の株主では、法人税法23条1項1号及び所得税法24条1項において剰余金の配当の定義から除外するとともに、法人税法24条1項2号及び所得税法25条1項2号においてみなし配当の定義に含めることによって、基本的に、非適格合併の税務処理と非適格分割型分割の税務処理が足並みを揃えた制度になるように構築されている。

2　純資産の部

(1)　非適格分割型分割に該当する場合

①　分割承継法人

非適格合併と同様に、非適格分割型分割を行った場合には、分割法人の株主に対して交付した分割承継法人株式の分割型分割の時の時価を、分割承継法人の資本金等の額に加算することになる（法令8①六）。

（注）　法人税法施行令8条1項6号では、非適格分割型分割のうち法人税法62条の8第1項の適用を受ける場合と、同項の適用を受けない

場合とに分け、同項の適用を受けない場合（資産調整勘定及び負債調整勘定が認識できない場合）には、分割法人から分割承継法人に移転する分割型分割の時の移転資産の時価から移転負債の時価を減算した金額を分割承継法人の資本金等の額に加算すべき金額とすることが規定されている。

② 分割法人

非適格合併と異なり、分割後に、分割法人が存続しているため、分割法人の純資産の部についても検討する必要がある。

この点については、法人税法施行令８条１項15号、９条１項９号では、資本金等の額及び利益積立金額から減算すべき金額について、以下のように規定されている。

＜資本金等の額から減算すべき金額＞

$$資本金等の額から減算すべき金額 = A \times \frac{B}{C}$$

A ＝分割法人の分割型分割の直前の資本金等の額

B ＝分割法人の分割型分割の直前の移転純資産の簿価純資産価額（「控除した金額」と規定していることから、零が下限となる）

C ＝分割法人の分割型分割の日の属する事業年度の前事業年度終了の時の簿価純資産価額（当該前事業年度終了の時から当該分割型分割の直前の時までの間に資本金等の額又は利益積立金額（法人税法施行令９条１項１号に掲げる金額を除く）が増加し又は減少した場合には、その増減後の金額）

（注１） 分割型分割の日以前６か月以内に仮決算による中間申告書を提出し、かつ、その提出の日から分割型分割の日までの間に確定申告書を提出していなかった場合には、中間申告書に係る期間（事業年度開始の日以後６か月の期間）終了の時の簿価純資産価額が上記Ｃの金

額になる。

（注2）「当該分割型分割の直前の資本金等の額が零以下である場合には零と、当該分割型分割の直前の資本金等の額及びロに掲げる金額が零を超え、かつ、イに掲げる金額が零以下である場合には1とし、当該割合に小数点以下3位未満の端数があるときはこれを切り上げる」と規定していることから、以下のように取り扱われる。

・分割法人の分割型分割の直前の資本金等の額が零以下である場合には、分割移転割合は零とする。

・分割法人の分割型分割の直前の資本金等の額及び分子の金額が零を超え、かつ、分母の金額が零以下である場合には、分割移転割合は1とする。

・B／C(分割移転割合）は小数点以下3位未満の端数を切り上げて計算する。これは、事後的な事由による変動を極力なくして過去の課税関係に影響を及ぼさないようにするためである(朝長英樹『企業組織再編成に係る税制についての講演録集』71頁(日本租税研究協会、平成13年)、『平成15年版　改正税法のすべて』212頁)。

（注3） 法人税法施行令23条1項2号ロにおいて、「当該金額がイに掲げる金額を超える場合（イに掲げる金額が零に満たない場合を除く。）には、イに掲げる金額」と規定されていることから、分割移転割合が1を超えるときは、分割移転割合を1として計算する。ただし、分子が零以下である場合には、分割移転割合は零になる。

＜利益積立金額から減算すべき金額＞

利益積立金額から減算すべき金額＝

分割法人の株主に交付した分割対価資産の時価 － 資本金等の額から減算すべき金額（法令8①十五に掲げる金額）

⑵　適格分割型分割に該当する場合

①　分割承継法人

適格合併と同様に、適格分割型分割を行った場合には、分割承継法人に移転をした資産及び負債の適格分割型分割の直前の帳簿価額で引き継ぐだけでなく（法法62の2②）、分割法人において減算される資本金等の額及び利益積立金額もそれぞれ引き継ぐことになる（法令8①六、9①三）。

しかしながら、適格合併と異なり、すべての資産及び負債を引き継ぐケースだけでなく、一部の資産及び負債を引き継ぐケースもあるため、引き継ぐ資本金等の額及び利益積立金額を合理的に計算する必要がある。

法人税法施行令8条1項6号、9条1項3号では、分割承継法人の資本金等の額及び利益積立金額に加算すべき金額について、以下のように規定されている。なお、分割承継法人の資本金等の額に加算すべき金額は、分割法人の資本金等の額から減算すべき金額（法令8①十五）を基準として求めることになる。

＜資本金等の額に加算すべき金額＞

⑴　分割法人の資本金等の額から減算すべき金額＝$A \times \dfrac{B}{C}$

⑵　分割法人に交付した分割承継親法人株式の適格分割型分割の直前の帳簿価額

⑶　分割法人株式に係る移転純資産対応帳簿価額（法令８①六・二十一）

⑷　⑴ －（⑵ ＋ ⑶）＝資本金等の額に加算すべき金額

A ＝分割法人の分割型分割の直前の資本金等の額

B ＝分割法人の分割型分割の直前の移転純資産の簿価純資産価額

（「控除した金額」と規定していることから、零が下限となる）

C＝分割法人の分割型分割の日の属する事業年度の前事業年度終了の時の簿価純資産価額（当該前事業年度終了の時から当該分割型分割の直前の時までの間に資本金等の額又は利益積立金額（法人税法施行令9条1項1号に掲げる金額を除く）が増加し又は減少した場合には、その増減後の金額）

（注1）　分割型分割の日以前6か月以内に仮決算による中間申告書を提出し、かつ、その提出の日から分割型分割の日までの間に確定申告書を提出していなかった場合には、中間申告書に係る期間（事業年度開始の日以後6か月の期間）終了の時の簿価純資産価額が上記Cの金額になる。

（注2）「当該分割型分割の直前の資本金等の額が零以下である場合には零と、当該分割型分割の直前の資本金等の額及びロに掲げる金額が零を超え、かつ、イに掲げる金額が零以下である場合には1とし、当該割合に小数点以下3位未満の端数があるときはこれを切り上げる」と規定していることから、以下のように取り扱われる。

・分割法人の分割型分割の直前の資本金等の額が零以下である場合には、分割移転割合は零とする。

・分割法人の分割型分割の直前の資本金等の額及び分子の金額が零を超え、かつ、分母の金額が零以下である場合には、分割移転割合は1とする。

・B／C（分割移転割合）は小数点以下3位未満の端数を切り上げて計算する。これは、事後的な事由による変動を極力なくして過去の課税関係に影響を及ぼさないようにするためである（朝長英樹『企業組織再編成に係る税制についての講演録集』71頁（日本租税研究協会、平成13年）、『平成15年版　改正税法のすべて』212頁）。

（注3）　法人税法施行令23条1項2号ロにおいて、「当該金額がイに掲げる金額を超える場合（イに掲げる金額が零に満たない場合を除く。）には、イに掲げる金額」と規定されているので、分割移転割合が1を

超えるときは、分割移転割合を１として計算する。ただし、分子が零以下である場合には、分割移転割合は零になる。

＜利益積立金額に加算すべき金額＞

(イ)　移転資産及び負債の適格分割型分割の直前の簿価純資産価額
(ロ)　資本金等の額に加算すべき金額
(ハ)　分割法人に交付した分割承継親法人株式の適格分割型分割の直前の帳簿価額
(ニ)　分割法人株式に係る移転純資産対応帳簿価額
(ホ)　(イ)　－　((ロ)　＋　(ハ)　＋　(ニ))　＝利益積立金額に加算すべき金額

（注）　上記(ロ)、(ハ)、(ニ)の合計額は、分割法人の資本金等の額から減算すべき金額と一致することから、上記(ホ)の金額は、「移転資産及び負債の適格分割型分割の直前の簿価純資産価額」から「分割法人の資本金等の額から減算すべき金額（法令８①十五）」を減算した金額と一致する。

②　分割法人

適格合併と異なり、分割後に、分割法人が存続しているため、分割法人の純資産の部の取扱いについても検討する必要がある。

この点については、法人税法施行令８条１項15号、９条１項10号において、資本金等の額及び利益積立金額から減算すべき金額について規定されている。具体的には、分割承継法人の資本金等の額に加算すべき金額のうち(ロ)、(ハ)の調整を行う前の金額が、分割法人の資本金等の額から減算すべき金額になる。

<資本金等の額から減算すべき金額>

$$\text{分割法人の資本金等の額から減算すべき金額} = A \times \frac{B}{C}$$

A ＝分割法人の分割型分割の直前の資本金等の額

B ＝分割法人の分割型分割の直前の移転純資産の簿価純資産価額（「控除した金額」と規定していることから、零が下限となる）

C ＝分割法人の分割型分割の日の属する事業年度の前事業年度終了の時の簿価純資産価額（当該前事業年度終了の時から当該分割型分割の直前の時までの間に資本金等の額又は利益積立金額（法人税法施行令9条1項1号に掲げる金額を除く）が増加し又は減少した場合には、その増減後の金額）

そして、分割承継法人の利益積立金額に加算すべき金額と分割法人の利益積立金額から減算すべき金額は一致する。

3　株主課税

(1)　非適格分割型分割に該当する場合

前述のように、非適格分割型分割を行った場合には、分割法人の資産及び負債を分割型分割の時の時価で譲渡し、対価として分割対価資産を分割型分割の時の時価により取得し、分割型分割の日において、当該分割対価資産を分割法人の株主に対して交付することになる（法法2十二の九イ、62①）。

その結果、分割法人の株主が交付を受けた分割対価資産は、分割法人から交付を受けた資産であることから、分割型分割の日に、みなし配当として取り扱われる（法法24①二、法基通2－1－27(5)ロ、所法25①二、所基通36－4(3)ロ）。さらに、分割法人の株主が分割承継法人株式若しくは親法人株式のいずれか一方の株式以外の資産の交付を受けた場合又は非按分型の分割型分割を行った場合には、分割型分割の日に株式譲渡損益も認識する必要がある（法法61の2①・④、法規27の3十一、法基通2－1－22(3)、措法37の10③二、措通37の10・37の11共－1(6)ロ）。

なお、非適格合併と異なり、分割法人が保有する一部の資産及び負債のみが移転することもあるため、みなし配当における交付の基因となった分割法人株式に対応する資本金等の額を計算するために、分割法人の分割型分割の直前の資本金等の額を移転純資産に対応する資本金等の額とそれ以外の純資産に対応する資本金等の額とに分ける必要がある。具体的な計算は、以下のとおりである（法令23①二、所令61②二）。

＜みなし配当の計算＞

$$\text{みなし配当の金額} = X - A \times \frac{B}{C} \times \text{保有比率}$$

X ＝交付を受けた分割対価資産の時価

A ＝分割法人の分割型分割の直前の資本金等の額

B ＝分割法人の分割型分割の直前の移転純資産の簿価純資産価額（「控除した金額」と規定していることから、零が下限となる）

C ＝分割法人の分割型分割の日の属する事業年度の前事業年度終了の時の簿価純資産価額（当該前事業年度終了の時から当該分割型分割の直前の時までの間に資本金等の額又は利益積立金額（法人税法施行令9条1項1号に掲げる金額を除く）が増加し又は減少した場合には、その増減後の金額）

（注1）　分割型分割の日以前6か月以内に仮決算による中間申告書を提出し、かつ、その提出の日から分割型分割の日までの間に確定申告書を提出していなかった場合には、中間申告書に係る期間（事業年度開始の日以後6か月の期間）終了の時の簿価純資産価額が上記Cの金額になる。

（注２）「当該分割型分割の直前の資本金等の額が零以下である場合には零と、当該分割型分割の直前の資本金等の額及びロに掲げる金額が零を超え、かつ、イに掲げる金額が零以下である場合には１とし、当該割合に小数点以下３位未満の端数があるときはこれを切り上げる」と規定していることから、以下のように取り扱われる。

・分割法人の分割型分割の直前の資本金等の額が零以下である場合には、分割移転割合は零とする。

・分割法人の分割型分割の直前の資本金等の額及び分子の金額が零を超え、かつ、分母の金額が零以下である場合には、分割移転割合は1とする。

・B／C(分割移転割合）は小数点以下３位未満の端数を切り上げて計算する。これは、事後的な事由による変動を極力なくして過去の課税関係に影響を及ぼさないようにするためである(朝長英樹『企業組織再編成に係る税制についての講演録集』71頁(日本租税研究協会、平成13年)、『平成15年版　改正税法のすべて』212頁)。

（注３） 法人税法施行令23条１項２号ロにおいて、「当該金額がイに掲げる金額を超える場合（イに掲げる金額が零に満たない場合を除く。）には、イに掲げる金額」と規定されていることから、分割移転割合が１を超えるときは、分割移転割合を１として計算する。ただし、分子が零以下である場合には、分割移転割合は零になる。

なお、平成30年度税制改正では、対価の交付を省略したと認められる非適格分割型分割を行った場合には、分割承継法人株式を交付したものとみなしてみなし配当の計算を行うことが明らかにされた（法法24③、所法25②)。具体的には、分割法人が分割承継法人に移転をした資産の価額（資産調整勘定の金額を含む）から分割承継法人に移転をした負債の価額（負債調整勘定の金額を含む）を控除した金額により、みなし配当の計算を行うことになる（法令23⑦、所令61⑤)。そして、分割承継法人株式又は親法人株式のいずれか一方の株式以外の資産の交付を受けていないことから、株式譲渡損益は認識されない（法法61の2②、法令119の7の2②）。

（注）非適格分割型分割を行った場合には、分割法人の株主において配当所得が発生するため、分割法人において、みなし配当の金額の20.42％に相当する源泉所得税を徴収する必要がある（所法181①、182、212③、213②二）。当該源泉所得税を分割法人が負担した場合には、分割法人の株主に対して金銭を交付したことになるが、このような資産は分割対価資産には該当しないことから、対価の交付を省略したと認められる非適格分割型分割に該当する。

さらに、分割法人の株主に対して、分割承継法人株式又は親法人株式のいずれか一方の株式以外の資産が交付されている場合には、みなし配当だけでなく、株式譲渡損益も認識する必要がある。なぜなら、「分割型分割の場合には、通常、分割法人の株主は、旧株を従前のまま保有し続けることとなりますが、旧株においては、移転資産等の時価のうちその旧株に対応する金額に相当する価値の減少が生じているはずです。これは、その経済実態からすると、旧株の一部を譲渡して、その対価として新しい株式を取得したものと考えることができ（る）」からである（朝長英樹『企業組織再編成に係る税制についての講演録集』53頁（日本租税研究協会、平成13年））。

株式譲渡損益の計算も、譲渡原価を計算するために、分割法人株式（旧株）の分割型分割の直前の帳簿価額を移転純資産に対応する帳簿価額とそれ以外の純資産に対応する帳簿価額とに分ける必要がある。具体的な株式譲渡損益の計算は、以下のとおりである（法法61の2④、法令119の8①、23①二、措法37の10③二、所令113③、61②二）。

＜株式譲渡損益の計算＞

株式譲渡損益＝譲渡収入の金額－譲渡原価の金額

(イ)　譲渡収入の金額

譲渡対価の金額からみなし配当に相当する金額を控除した金額

(ロ) 譲渡原価の金額

$$\text{譲渡原価の金額} = A \times \frac{B}{C}$$

A ＝分割型分割の直前の旧株の帳簿価額

B ＝みなし配当の計算において使用した分割移転割合の数値と同じ数値を使用する。

C ＝同　上

(注１) 親法人株式とは、分割型分割の直前に当該分割型分割に係る分割承継法人と親法人の間に当該親法人による完全支配関係がある法人の株式をいう（法令119の7の2③、所規23の3)。

(注２) 非適格分割型分割を行った場合には、分割法人の株主において配当所得が発生するため、みなし配当の金額の20.42％に相当する源泉所得税を徴収する必要がある（所法181①、182、212③、213②二)。ただし、会社法上、分割対価資産を交付するのは、分割法人であり、分割承継法人ではないことから（会社法758八、760七、763①十二、765①八)、源泉徴収義務者は、分割法人であると考えられる。

(注３) 現金交付型分割型分割又は非按分型の分割型分割を行った場合には、みなし配当と株式譲渡損益を認識する必要がある。なお、みなし配当と株式譲渡損が発生する場合において、分割法人の株主が法人株主であるときは、みなし配当に対して受取配当等の益金不算入（法法23）が適用され、株式譲渡損は損金の額に算入されることから、受取配当等の益金不算入に相当する部分の金額だけ、法人税法上の損失が増加してしまう。そのため、平成22年度税制改正により、自己株式として取得されることを予定して取得した株式については、上記のみなし配当に相当する金額に対して、受取配当等の益金不算入を適用することができなくなった（法法23③、法令21)。しかしながら、この特例は、自己株式の取得によりみなし配当が発生する場合に限定されており、それ以外の事由によりみなし配当が発生する場合には適用されないため、現金交付型分割型分割又は非按分型の分割型分割を

行ったことにより、みなし配当が発生した場合には、たとえ、分割法人の株主が現金交付型分割型分割又は非按分型の分割型分割を行うことを予定して取得した分割法人株式であっても、受取配当等の益金不算入を適用することができる。ただし、極端な事例に対しては、包括的租税回避防止規定（法法132の2）が適用される可能性があるという点に留意が必要である。

（注4） 分割法人の株主に、分割法人と完全支配関係のある内国法人が含まれている場合には、当該内国法人において株式譲渡損益を認識することができず、株式譲渡損益に相当する金額を資本金等の額の増減項目として取り扱う（法法61の2⑰、2十六、法令8①二十二）。

⑵ 適格分割型分割に該当する場合

法人税法24条1項2号及び所得税法25条1項2号では、みなし配当を認識すべき分割型分割を「分割型分割（適格分割型分割を除く。)」としているため、適格分割型分割を行った場合には、分割法人の株主においてみなし配当を認識する必要はない。

さらに、法人税法61条の2第4項、租税特別措置法37条の10第3項2号では、分割法人の株主に対し、分割承継法人株式又は親法人株式のいずれか一方の株式以外の資産が交付されず、かつ、分割法人の株主の保有する分割法人株式の数の割合に応じて分割承継法人株式又は親法人株式のいずれか一方の株式が交付される分割型分割に対しては、株式譲渡損益が認識されないこととされている。税制適格要件を満たすためには、分割法人の株主に分割承継法人株式又は分割承継親法人株式のいずれか一方の株式以外の資産が交付されず、かつ、分割法人の株主の保有する分割法人株式の数の割合に応じて分割承継法人株式又は親法人株式のいずれか一方の株式が交付されることが前提となっているため（法法2十二の十一)、適格分割型分割に該当する場合には、分割法人の株主において株式譲渡損益を認識する必要はない。

その結果、適格分割型分割に該当した場合には、分割法人株式の分割型分割の直前の帳簿価額に分割移転割合を乗じて計算した金額を分割承継法人株式又は親法人株式の取得価額に付け替えるだけで(法令119①六、所令113①)、特に課税上の問題は生じない。しかし、適格合併と異なり、分割型分割後に分割法人株式と分割承継法人株式（又は親法人株式）の両方を保有するため、分割法人株式の分割型分割の直前の帳簿価額の全額を分割承継法人株式（又は親法人株式）の取得価額に付け替えるのではなく、移転純資産に対応する部分の金額のみを付け替えることになる。そのほか、第4章で解説するように、分割比率が適正でない場合には、課税上の問題が生じることがあるため、ご留意されたい。

（注） 親法人株式とは、分割型分割の直前に当該分割型分割に係る分割承継法人と親法人との間に当該親法人による完全支配関係がある法人をいうのに対し（法令119の7の2③、所規23の3)、分割承継親法人株式とは、分割型分割の直前に当該分割型分割に係る分割承継法人と親法人との間に当該親法人による完全支配関係があり、かつ、当該分割型分割後に当該分割承継法人と当該親法人との間に当該親法人による完全支配関係が継続することが見込まれている場合における当該親法人株式をいう（法令4の3⑤)。すなわち、分割型分割の直前の完全支配関係のみを要求しているのが「親法人株式」であり、分割型分割の直前のみならず、分割型分割後の完全支配関係の継続をも要求しているのが「分割承継親法人株式」であるといえる。このように、「分割承継親法人株式」の定義に合致する株式は「親法人株式」の定義も満たすため、分割法人の株主において、株式譲渡損益が認識されない。

具体的に、分割承継法人株式又は親法人株式に付け替えられるべき分割法人株式の分割型分割の直前の帳簿価額は、以下のとおりである（法令119①六、119の8①、23①二、所令113①・④、61

②二)。

＜分割承継法人株式又は親法人株式に付け替える部分の計算＞

分割承継法人株式又は親法人株式の取得価額＝ $A \times \dfrac{B}{C}$

A ＝分割法人株式（旧株）の分割型分割の直前の帳簿価額

B ＝分割法人の分割型分割の直前の移転純資産の簿価純資産価額（「控除した金額」と規定していることから、零が下限となる）

C ＝分割法人の分割型分割の日の属する事業年度の前事業年度終了の時の簿価純資産価額（当該前事業年度終了の時から当該分割型分割の直前の時までの間に資本金等の額又は利益積立金額（法人税法施行令９条１項１号に掲げる金額を除く）が増加し又は減少した場合には、その増減後の金額）

（注１）　分割型分割の日以前６か月以内に仮決算による中間申告書を提出し、かつ、その提出の日から分割型分割の日までの間に確定申告書を提出していなかった場合には、中間申告書に係る期間（事業年度開始の日以後６か月の期間）終了の時の簿価純資産価額が上記Ｃの金額になる。

（注２）「当該分割型分割の直前の資本金等の額が零以下である場合には零と、当該分割型分割の直前の資本金等の額及びロに掲げる金額が零を超え、かつ、イに掲げる金額が零以下である場合には１とし、当該割合に小数点以下３位未満の端数があるときはこれを切り上げる」と規定していることから、以下のように取り扱われる。

・分割法人の分割型分割の直前の資本金等の額が零以下である場合には、分割移転割合は零とする。

・分割法人の分割型分割の直前の資本金等の額及び分子の金額が零を超え、かつ、分母の金額が零以下である場合には、分割移転割合は1とする。

・B／C(分割移転割合）は小数点以下３位未満の端数を切り上げて計

算する。これは、事後的な事由による変動を極力なくして過去の課税関係に影響を及ぼさないようにするためである（朝長英樹『企業組織再編成に係る税制についての講演録集』71頁（日本租税研究協会、平成13年）、『平成15年版　改正税法のすべて』212頁）。

（注３）　法人税法施行令23条１項２号ロにおいて、「当該金額がイに掲げる金額を超える場合（イに掲げる金額が零に満たない場合を除く。）には、イに掲げる金額」と規定されているので、分割移転割合が１を超えるときは、分割移転割合を１として計算する。ただし、分子が零以下である場合には、分割移転割合は零になる。

なお、平成22年度税制改正、平成30年度税制改正では、法人税法61条の2第4項において、無対価分割型分割を行った場合には、分割法人の株主において、分割法人株式の譲渡損益が生じないことが明らかにされるとともに、対価の交付を省略したと認められる無対価分割型分割（適格分割型分割）を行った場合には、同法施行令119条の3第18項、19項、119条の4第1項及び所得税法施行令113条1項において、分割法人株式の適格分割型分割の直前の帳簿価額のうち移転純資産対応帳簿価額を分割承継法人株式の帳簿価額に付け替えることが明らかにされた。

4　抱合せ株式の処理

基本的な考え方は、合併と同様であり、分割承継法人が分割法人の株主であり、分割法人から分割法人の株主である分割承継法人に対して、分割対価資産が交付されることから、①分割法人の株主として、分割法人株式に対する処理を行い、②分割対価資産として取得した分割承継法人株式が自己株式となり、分割承継法人の資本金等の額のマイナス項目となる。

しかしながら、合併と異なり、分割対価資産として、分割承継法人株式又は親法人株式のいずれか一方の株式以外の資産が交付される分割型分割を行った場合には、みなし配当だけでなく、株式譲渡損益をも認識する必要がある（法法24①二、61の2④）。

これは、平成22年度税制改正により、合併法人が保有する被合併法人株式に対しては、株式譲渡損益を認識しないことになったが（法法61の2③）、分割型分割に対しては、そのような特例が導入されなかったからである。そのため、平成22年度改正前法人税法と同様に、みなし配当だけでなく、株式譲渡損益も認識する必要がある。ただし、完全支配関係のある法人に対して分割型分割を行った場合には、みなし配当を認識するが、株式譲渡損益を認識することはできない（法法61の2⑰）。

（注）非適格分割型分割を行った場合には、法人税法24条2項に相当するみなし割当ての制度がない。この点につき、『平成18年版　改正税法のすべて』268頁では、「分割型分割における分割対価資産の交付が会社法上は分割承継法人株式による剰余金の配当となるため、会社法上は上記分割法人株式以外の株式について株式割当等をする一方で、上記分割法人株式に株式割当等をしないということがないということによるものです」とした上で、「（注）仮に実務上株式割当等を省略した場合には、従前どおり株式割当等があったものとして法人税法の規定を適用することになると考えられます」と記載されている。

すなわち、会社法上の制度としては、合併を行った場合には、合併法人が保有する被合併法人株式に対して合併対価資産を割り当てることができないため（会社法749①三）、法人税法24条2項においてみなし割当ての制度が導入されているが、分割型分割を行った場合には、会社法上、分割承継法人が保有する分割法人株式に対して、分割対価資産が割り当てられないということはなく（会社法758）、割り当てられない場合であったとしても、分割対価資産の割当てを省略したに過ぎないと考えられる。

そのため、所得税法上、配当所得が発生することから（所法25①二）、源泉所得税の徴収が必要になると考えられる（所法212③、213②二）。

Ⅳ　株式分配

1　概　　要

株式分配とは、現物分配（剰余金の配当又は利益の配当に限る）のうち、その現物分配の直前において現物分配法人により発行済株式等の全部を保有されていた法人の当該発行済株式等の全部が移転するもの（その現物分配により当該発行済株式等の移転を受ける者がその現物分配の直前において当該現物分配法人との間に完全支配関係がある者のみである場合における当該現物分配を除く）をいう（法法２十二の十五の二）。

非適格株式分配を行った場合には、非適格現物分配と同様に、現物分配法人において、時価で資産を譲渡したものとして、譲渡損益の金額を計算する必要がある。ただし、非適格現物分配と異なり、現物分配法人の株主では、みなし配当及び株式譲渡損益が発生することになる。

これに対し、適格株式分配を行った場合には、適格現物分配と同様に、現物分配法人において、適格株式分配の直前の帳簿価額による譲渡をしたものとして譲渡損益の計算を行う必要がある（法法62の５③）。そして、現物分配法人の株主では、みなし配当及び株式譲渡損益が発生しない。

2　純資産の部

(1)　非適格株式分配に該当する場合

前述のように、非適格株式分配を行った場合には、現物分配法人で譲渡損益が発生する。そして、譲渡損益が発生した後に、現物分配法人の資本金等の額及び利益積立金額から減算すべき金額について、以下のように規定されている（法令8①十七、9①十一）。

＜資本金等の額から減算すべき金額＞

資本金等の額から減算すべき金額＝ $A \times \frac{B}{C}$

A ＝現物分配法人の株式分配の直前の資本金等の額
B ＝完全子法人株式の株式分配の直前の帳簿価額（零が下限となる）
C ＝現物分配法人の株式分配の日の属する事業年度の前事業年度終了の時の簿価純資産価額（当該前事業年度終了の時から当該株式分配の直前の時までの間に資本金等の額又は利益積立金額（法人税法施行令9条1項1号に掲げる金額を除く）が増加し又は減少した場合には、その増減後の金額）

（注1）　株式分配の日以前6か月以内に仮決算による中間申告書を提出し、かつ、その提出の日から株式分配の日までの間に確定申告書を提出していなかった場合には、中間申告書に係る期間（事業年度開始の日以後6か月の期間）終了の時の簿価純資産価額をいう。

（注2）　B／C（株式分配割合）は小数点以下3位未満の端数を切り上げて計算する。

（注3）　特殊な事例

実務上、稀であると思われるが、以下に掲げるものは、以下の計算方法による。

(i)　現物分配法人の株式分配の直前の資本金等の額が零以下である場合には、株式分配割合は零とする。

(ii)　現物分配法人の株式分配の直前の資本金等の額及び分子の金額が零を超え、かつ、分母の金額が零以下である場合には、株式分配割合は1とする。

(iii)　株式分配割合が1を超えるときは、株式分配割合を1とする。

＜利益積立金額から減算すべき金額＞

> 利益積立金額から減算すべき金額
> 　＝完全子法人株式の時価－減算すべき資本金等の額

【現物分配法人の仕訳】

(借)	資本金等の額	×××	(貸) 資　産	×××
	利益積立金額	×××	預り源泉税	×××
			譲渡利益	×××

(2)　適格株式分配に該当する場合

前述のように、適格株式分配を行った場合には、現物分配法人では譲渡損益が認識されない（法法62の5③）。

そして、法人税法施行令8条1項16号では、適格株式分配の直前の完全子法人株式の帳簿価額に相当する金額が現物分配法人の資本金等の額から減算すべき金額となることが明らかにされている。そのため、資本金等の額のみから減算させ、利益積立金額は増減しない。これは、被現物分配法人の株主において、みなし配当が発生しないからであると考えられる。

【現物分配法人の仕訳】

(借)	資本金等の額	×××	(貸) 資　産	×××

3　株主課税

(1)　非適格株式分配に該当する場合

①　みなし配当の計算

法人税法23条1項及び所得税法24条1項では、株式分配を受取配当金から除外するとともに、法人税法24条1項3号及び所得税法25条1項3号において、非適格現物分配をみなし配当に含めている。つまり、完全子法人株式の時価をそのまま受取配当金とするのではなく、みなし配当として計算された金額が受取配当等の益金不算入の対象になる。

そして、株式分配により交付を受けた資産の価額の合計額が、当該法人の資本金等の額のうちその交付の基因となった当該法人の株式に対応する部分の金額を超えるときは、その超える部分の金額がみなし配当となる。このうち、「当該法人の資本金等の額のうちその交付の基因となった当該法人の株式に対応する部分の金額」は、以下のように計算を行うことになる。

＜当該法人の資本金等の額のうちその交付の基因となった当該法人の株式に対応する部分の金額＞

(法法24①三、法令23①三、所法25①三、所令61②三)

$$\text{交付の基因となった当該法人の株式に対応する部分の金額} = \text{株式分配の直前の資本金等の額} \times \frac{B}{C} \times \frac{\text{保有株式数}}{\text{株式分配に係る株式の総数}}$$

B ＝完全子法人株式の株式分配の直前の帳簿価額（零が下限となる）

C ＝現物分配法人の前事業年度終了の時の簿価純資産価額（当該前事業年度終了の時から当該株式分配の直前の時までの間に資本

金等の額又は利益積立金額（法人税法施行令9条1項1号に掲げる金額を除く）が増加し又は減少した場合には、その増減後の金額）

（注1） 株式分配の日以前6か月以内に仮決算による中間申告書を提出し、かつ、その提出の日から株式分配の日までの間に確定申告書を提出していなかった場合には、中間申告書に係る期間（事業年度開始の日以後6か月の期間）終了の時の簿価純資産価額をいう。

（注2） B／C（株式分配割合）は小数点以下3位未満の端数を切り上げて計算する。

（注3） 特殊な事例

実務上、稀であると思われるが、以下に掲げるものは、以下の計算方法による。

(i) 現物分配法人の株式分配の直前の資本金等の額が零以下である場合には、株式分配割合は零とする。

(ii) 現物分配法人の株式分配の直前の資本金等の額及び分子の金額が零を超え、かつ、分母の金額が零以下である場合には、株式分配割合は1とする。

(iii) 株式分配割合が1を超えるときは、株式分配割合を1とする。

② 株式譲渡損益の計算

これに対し、完全子法人株式以外の資産の交付を受けていない株式分配を行った場合には、株式譲渡損益の計上は不要である（法法61の2⑧）。法人税法61条の2第8項では、完全子法人株式以外の資産の交付を受ける株式分配を想定した規定となっているが、そもそも株式分配は現物分配の一形態であることから（法法2十二の十五の二）、完全子法人株式以外の資産の交付を受ける株式分配に該当することはきわめて稀であろう。

その結果、非適格株式分配に該当した場合には、(イ)株式分配に係る現物分配法人株式の当該株式分配の直前の帳簿価額に当該株式分配に係る株式分配割合を乗じて計算した金額と、(ロ)みなし配当の金額を合計した金額が完全子法人株式の帳簿価額になる。このうち、(イ)の金額は、以下のとおりである（法令119①八、119の8の2①、23①三、所令113の2①、61②三）。

＜上記(イ)の金額＞

$$\text{上記(イ)の金額} = A \times \frac{B}{C}$$

A＝現物分配法人株式の株式分配の直前の帳簿価額

B＝完全子法人株式の株式分配の直前の帳簿価額（零が下限となる）

C＝現物分配法人の株式分配の日の属する事業年度の前事業年度終了の時の簿価純資産価額（当該前事業年度終了の時から当該株式分配の直前の時までの間に資本金等の額又は利益積立金額（法人税法施行令9条1項1号に掲げる金額を除く）が増加し又は減少した場合には、その増減後の金額）

（注1） 株式分配の日以前6か月以内に仮決算による中間申告書を提出し、かつ、その提出の日から株式分配の日までの間に確定申告書を提出していなかった場合には、中間申告書に係る期間（事業年度開始の日以後6か月の期間）終了の時の簿価純資産価額をいう。

（注2） B／C（株式分配割合）は小数点以下3位未満の端数を切り上げて計算する。

（注3）特殊な事例

実務上、稀であると思われるが、以下に掲げるものは、以下の計算方法による。

(i) 現物分配法人の株式分配の直前の資本金等の額が零以下である場合には、株式分配割合は零とする。

(ii) 現物分配法人の株式分配の直前の資本金等の額及び分子の金額が零を超え、かつ、分母の金額が零以下である場合には、株式分配割合は1とする。

(iii) 株式分配割合が1を超えるときは、株式分配割合を1とする。

(2) 適格株式分配に該当する場合

法人税法62条の5第4項では、適格現物分配のみが規定されており、適格株式分配に係る規定はない。そして、同法24条1項3号では、みなし配当として取り扱われる株式分配から適格株式分配が除外されており、同法61条の2第8項では、完全子法人株式以外の資産の交付を受けていない場合には、株式譲渡損益の計上は不要であるとされている。

なお、厳密には、条文上、完全子法人株式以外の資産の交付を受ける株式分配を想定した規定となっているが、そもそも株式分配は現物分配の一形態であることから（法法2十二の十五の二）、完全子法人株式以外の資産の交付を受ける株式分配に該当することはきわめて稀であると考えられる。

このように、適格株式分配を行った場合には、みなし配当も株式譲渡損益も発生しないし、適格現物分配のように、益金の額に算入されない収益の額も発生しない。

その結果、適格株式分配に該当した場合には、現物分配法人株式の株式分配の直前の帳簿価額に株式分配割合を乗じて計算した金額を完全子法人株式の取得価額に付け替えるだけで、特に課税上の問題は生じない。具体的に、完全子法人株式の取得価額に付け替えるべき金額は、以下のとおりである（法令119①八、119の8の2①、23①三、所令113の2①、61②三）。

＜完全子法人株式の取得価額の計算＞

$$完全子法人株式の取得価額 = A \times \frac{B}{C}$$

A ＝現物分配法人株式の株式分配の直前の帳簿価額

B ＝完全子法人株式の株式分配の直前の帳簿価額(零が下限となる)

C ＝現物分配法人の前事業年度終了の時の簿価純資産価額（当該前事業年度終了の時から株式分配の直前の時までの間に資本金等の額又は利益積立金額（法人税法施行令９条１項１号に掲げる金額を除く）が増加し又は減少した場合には、その増減後の金額）

(注１)「前事業年度終了の時の簿価純資産価額」とは、現物分配法人の株式分配の日の属する事業年度の前事業年度終了の時の簿価純資産価額をいうが、株式分配の日以前６か月以内に仮決算による中間申告書を提出し、かつ、その提出の日から株式分配の日までの間に確定申告書を提出していなかった場合には、中間申告書に係る期間（事業年度開始の日以後６か月の期間）終了の時の簿価純資産価額をいう。

(注２) B／C（株式分配割合）は小数点以下３位未満の端数を切り上げて計算する。

(注３) 特殊な事例

実務上、稀であると思われるが、以下に掲げるものは、以下の計算方法による。

(i) 現物分配法人の株式分配の直前の資本金等の額が零以下である場合には、株式分配割合は零とする。

(ii) 現物分配法人の株式分配の直前の資本金等の額及び分子の金額が零を超え、かつ、分母の金額が零以下である場合には、株式分配割合は1とする。

(iii) 株式分配割合が1を超えるときは、株式分配割合を1とする。

V　資本の払戻し

1　発行法人

その他資本剰余金を原資として配当を行った場合には、プロラタ方式により、受け取った配当金の一部を資本の払戻しとして処理し、残りの一部をみなし配当として処理する。すなわち、資本の払戻しとして処理された部分の金額は資本金等の額の減少として取り扱われ、みなし配当として処理された部分の金額は利益積立金額の減少として取り扱われる。具体的な資本金等の額と利益積立金額の減少額は、以下のとおりである。

(1)　資本金等の額の減少（法令８①十八）

$$\text{減資資本金額} = \text{資本の払戻しの直前の資本金等の額} \times \frac{(ロ)}{(イ)}$$

(イ)＝資本の払戻しの日の属する事業年度の前事業年度終了の時の資産の帳簿価額から負債（新株予約権に係る義務を含む）の帳簿価額を減算した金額

（注１）　当該資本の払戻しの日以前６か月以内に仮決算を行うことにより中間申告書を提出し、かつ、当該提出した日から当該資本の払戻しの日までの間に確定申告書を提出していなかった場合には、当該中間申告書に係る期間（事業年度開始の日以後６か月の期間）終了の時の

資産の帳簿価額から負債（新株予約権に係る義務を含む）の帳簿価額を減算した金額となる。

（注２）　当該終了の時から当該資本の払戻しの直前の時までの間の資本金等の額又は利益積立金額（法人税法施行令 9 条1項1号に掲げる金額を除く）が増減した場合には、上記の金額に当該増減額を加減算する。

(ロ)＝資本の払戻しにより減少した資本剰余金の額

（留意事項）

・資本の払戻しの直前の資本金等の額が零以下である場合には、減少剰余金割合は零とする。

・資本の払戻しの直前の資本金等の額が零を超え、かつ、分母の金額が零以下である場合には、減少剰余金割合は１とする。

・減少剰余金割合に小数点以下３位未満の端数があるときはこれを切り上げる。

・減少剰余金割合が１を超える場合には、減少剰余金割合を１とする。

・上記の算式により計算した金額が、資本の払戻しにより交付した金銭の額及び金銭以外の資産の価額の合計額を超える場合には、交付した金銭の額及び金銭以外の資産の価額の合計額が減資資本金額となる。

・上記の算式により計算した金額が、資本の払戻しにより減少した資本剰余金の額を超える場合には、資本の払戻しにより減少した資本剰余金の額が減資資本金額となる。

・令和４年度税制改正により、後述する自己株式の取得と同様に、２以上の種類の株式を発行している場合には、種類資本金額を基礎に計算を行うことになった。

(2) 利益積立金額の減少（法令９①十二）

資本の払戻しにより交付した金銭の額及び金銭以外の資産の価額の合計額が、減資資本金額を超える場合におけるその超える部分の金額

【発行法人における仕訳】

（借）	資本金等の額	×××	（貸）	現 金 預 金	×××
	利益積立金額	×××		預 り 源 泉 税	×××

2 株　　主

以下の計算により、みなし配当と株式譲渡損益の計算を行う。

(1) みなし配当の金額
（法法24①四、法令23①四、所法25①四、所令61②四）

みなし配当の金額＝

交付を受けた金銭の額及び金銭以外の資産の価額の合計額 － 払戻対応資本金額等のうちその交付の基因となった当該法人の株式に対応する部分の金額

払戻対応資本金額等のうちその交付の基因となった当該法人の株式に対応する部分の金額＝

$$\text{資本の払戻しの直前の資本金等の額} \times \frac{(ロ)}{(イ)} \times \frac{\text{保有株式数}}{\text{払戻株式の総数}}$$

(イ)＝ 1 (1)「資本金等の額の減少」で使用した数値と同じ数値を使用する。

(ロ)＝同　上

(2)　株式譲渡損益の金額

(法法61の2①・⑱、措法37の10③四)

株式譲渡損益 ＝ 譲渡収入の金額 － 譲渡原価の金額

(注1)　譲渡収入の金額は、交付を受けた金銭の額及び金銭以外の資産の価額の合計額からみなし配当の金額を控除することにより算定する。

(注2)　譲渡原価の金額については、以下のように計算を行う(法令119の9①、所令114①)。

$$譲渡原価の金額 = 資本の払戻しの直前の所有株式の帳簿価額 \times \frac{(ロ)}{(イ)}$$

(イ)＝ 1 (1)「資本金等の額の減少」で使用した数値と同じ数値を使用する。

(ロ)＝　同　上

【その他資本剰余金を原資として配当金を受け取った株主における仕訳】

(借)			(貸)		
	現金預金	×××		有価証券	×××
	未収源泉税	×××		受取配当金	×××
				株式譲渡損益	×××

(注1)　100%グループ内で自己株式の買取りを行う場合には、株式譲渡損益は認識されない(法法61の2⑰)。この取扱いは、その他資本剰余金の配当を行った場合についても同様であり、100%子会社からそ

の他資本剰余金を原資として配当金を受け取った場合には、株式譲渡損益を認識せず、資本金等の額の増減項目として処理することになる（法令8①二十二）。

【100％子会社からその他資本剰余金を原資として配当金を受け取った株主における仕訳】

（借）	現金預金	×××	（貸）有価証券	×××
	未収源泉税	×××	受取配当金	×××
			資本金等の額	×××

（注2） 100％子会社以外では、みなし配当と株式譲渡損益を認識する必要がある。なお、みなし配当と株式譲渡損が発生する場合には、みなし配当に対しては受取配当等の益金不算入（法法23）が適用され、株式譲渡損に対しては損金の額に算入されることから、みなし配当に相当する部分の金額だけ、法人税法上の損失が増加してしまう。そのため、平成22年度税制改正により、自己株式として取得されることを予定して取得した株式については、上記のみなし配当に相当する金額に対して、受取配当等の益金不算入を適用することができなくなった（法法23③）。しかしながら、この特例は、自己株式の取得によりみなし配当が発生する場合に限定されており、それ以外の事由によりみなし配当が発生する場合には適用されないため、その他資本剰余金を原資とする配当を行ったことにより、みなし配当が発生した場合には、たとえ、その他資本剰余金の配当を行うことを予定して取得した株式であっても、受取配当等の益金不算入を適用することができる。なお、極端な事例については、同族会社等の行為計算の否認（法法132）が適用される可能性があるという点に留意が必要である。

参考①　非適格現物分配

A　現物分配法人

(a)　その他利益剰余金を配当原資とした場合

非適格現物分配を行った場合には、現物分配法人で譲渡損益を認識する必要がある（法法22②）。そして、法人税法施行令9条1項8号では、「剰余金の配当として株主等に交付する金銭の額及び金銭以外の資産の価額の合計額」を利益積立金額から減算することが規定されている。

すなわち、現物分配法人では、譲渡損益を認識することにより利益積立金額が増減し、その後、株主に分配した金銭以外の資産の価額に相当する金額を利益積立金額から減算させる必要がある。そのため、譲渡損益を認識した後の処理は、金銭を配当財産とするその他利益剰余金の配当と変わらない。

【その他利益剰余金を配当原資とした場合】

(借)	利益積立金額	×××	(貸) 資　　　産	×××
			預り源泉税	×××
			譲渡利益	×××

(b)　その他資本剰余金を配当原資とした場合

その他資本剰余金を配当原資とした場合には、法人税法施行令9条1項12号において、「資本の払戻し等により交付した金銭の額及び金銭以外の資産の価額の合計額」が「減資資本金額（法令8①十八）」を超える場合におけるその超える部分の金額を、利益積立金額から減算させることが明らかにされている。

すなわち、現物分配法人では、譲渡損益を認識することにより利益積立金額が増減し、その後、金銭を配当財産とするその他資本剰余金の配当と同様の考え方により、資本金等の額及び利益積立金額から減算すべき金額を算定することになる。

【その他資本剰余金を配当原資とした場合】

(借)	資本金等の額	×××	(貸)	資　　　産	×××
	利益積立金額	×××		預り源泉税	×××
				譲渡利益	×××

B　被現物分配法人

被現物分配法人では、その他利益剰余金を配当原資とした場合には受取配当金が認識され（法法23①一）、その他資本剰余金を配当原資とした場合には受取配当金や株式譲渡損益が認識されることになる（法法24①四、61の2①・⑱）。そのため、金銭を配当財産とする剰余金の配当と変わらない。

参考②　適格現物分配

A　現物分配法人

(a)　その他利益剰余金を配当原資とした場合

適格現物分配を行った場合には、現物分配法人において譲渡損益を認識しない（法法62の5③）。その場合には、法人税法施行令9条1項8号において、「剰余金の配当として株主等に交付する金銭の額及び金銭以外の資産の価額（適格現物分配に係る資産にあつては、その交付の直前の帳簿価額）の合計額」を利益積立金額の減少額と規定していることから、現物分配法人では、被現物分配法人に交付した資産のその交付の直前の帳簿価額に相当する金額が、現物分配法人の利益積立金額の減少額になる。

【現物分配法人】

（借）利益積立金額　×××　（貸）資　産　×××

(b)　その他資本剰余金を配当原資とした場合

その他資本剰余金を配当原資とした場合には、法人税法施行令9条1項12号において、「資本の払戻し等により交付した金銭の額及び金銭以外の資産の価額（適格現物分配に係る資産にあつては、その交付の直前の帳簿価額）の合計額」が「減資資本金額（法令8①十八)」を超える場合におけるその超える部分の金額が、利益積立金額の減少額となることが明らかにされている。

そのため、「資本の払戻し等により交付した金銭の額」が「適格現物分配により交付した資産の交付の直前の帳簿価額」に変わるだけで、基本的な考え方は、金銭を配当財産とするその他資本剰余金の配当と変わらない。

なお、条文上、減資資本金額の算定における上記(1)の算式(ロ)の金額は「資本の払戻しにより減少した資本剰余金の額」とされており、適格現物分配により交付した資産の交付の直前の帳簿価額とは必ずしも一致しないという点に留意されたい（国税庁HP質疑応答事例「適格現物分配による資本の払戻しを行った場合の税務上の処理について」参照）。

【現物分配法人における仕訳】

（借）資本金等の額　×××　（貸）資　産　×××

　　　利益積立金額　×××

B　被現物分配法人

その他利益剰余金を配当原資として適格現物分配を行う場合には、被現物分配法人では、適格現物分配により発生した受取配当金を益金の額に算入させず（法法62の5④)、現物分配法人から交付を受けた資産の適格現物分配の直前の帳簿価額に相当する金額を利益積立金額の増加項目として取り扱う（法法２十八、法令９①四)。

しかしながら、その他資本剰余金を配当原資として適格現物分配を行う場合には、現物分配法人から交付を受けた資産の適格現物分配の直前の帳簿価額に相当する金額により計算した被現物分配法人において発生すべき株式譲渡損益に相当する金額を資本金等の額の増減項目として取り扱い（法法２十六、法令８①二十二)、みなし配当に相当する金額を利益積立金額の増加項目として取り扱う（法法２十八、法令９①四)。

【その他利益剰余金を配当原資とした場合】

(借)	資　　産	×××	(貸) 利益積立金額	×××

【その他資本剰余金を配当原資とした場合】

(借)	資　　産	×××	(貸) 利益積立金額	×××
			子会社株式	×××
			資本金等の額	×××

(注)「株式譲渡損益に相当する金額」は、みなし配当に相当する金額及び子会社株式の譲渡原価の金額の合計額から被現物分配法人に移転をした資産の適格現物分配の直前の帳簿価額に相当する金額を減算した金額に相当する金額をいう（法法２十六、法令８①二十二)。

また、「みなし配当に相当する金額」は、現物分配法人から交付を受けた資産の適格現物分配の直前の帳簿価額に相当する金額から発行法人の資本金等の額のうちその交付の基因となった当該法人の株式に対応する部分の金額（現物分配直前の資本金等の額×減少剰余金割合×持分比率）を控除した金額をいう（法法２十八、法令９①四、法令23①三)。

3 事例の検討

(1) 事件の概要

本事件は、内国法人である原告が、平成24年4月1日から平成25年3月31日までの連結事業年度において、外国子会社から資本剰余金及び利益剰余金をそれぞれ原資とする剰余金の配当を受けたものの、前者のみを法人税法24条に規定されている資本剰余金の額の減少に伴うみなし配当とし、後者については、みなし配当ではなく、通常の配当として処理したところ、京橋税務署長から、これらの剰余金の配当は、それぞれの効力発生日が同じ日であることなどから、その全額が法人税法24条に規定されている資本剰余金の額の減少に伴うみなし配当に該当するとして法人税の更正処分を受けた事案である。

(2) 第一審 (東京地判平成29年12月6日・Westlaw. Japan 文献番号2017WLJPCA12069003)

① 当事者の主張

(イ) 被告の主張

• 法人税法は、剰余金の配当に関して、法人から株主に財産が払い戻された場合には、その手法にかかわらずその原資が基本的には資本と利益とからなるものと考え、例外的に利益のみからなることが明らかである場合にのみ利益部分のみからなる配当であると取り扱うこととし、これらを区分するために、「資本剰余金の額の減少に伴うもの」という文言を用いることとした。ここで「もの」は、「剰余金の配当」、すなわち、会社が株主に対しその有する株式の数に応じて会社の財産(配当財産)を分配する行為を意味し、「資本剰余金の額の減少に伴う部分の金額」というような規定振りとはなっていないことから、剰余金の配当に関しては、資本剰余金と利益剰余金の双方を原資とする場合であっても、原資ごとに区分することなく、株主が剰余金の配当として受領する金額の全体を「資本剰余金の額の減少に伴うもの」に該当するものとして取り扱うことを示したものである。

- 資本剰余金を原資とする剰余金の配当と利益剰余金を原資とする剰余金の配当が同時に行われた場合、そのいずれの剰余金の配当を先に計算するかにより、受取配当の益金不算入の適用額が変わることとなるため、恣意性が介在して公平性に問題が生じ、税制が統一的な取扱いを定めないとすれば事後の調査等でこの後先について問題となることが想定されたところ、法人税法は、資本剰余金と利益剰余金の双方を同時に減少して剰余金の配当を行った行為を「資本剰余金の額の減少に伴うもの」として同法24条1項3号（筆者加筆：現行4号。以下同じ）の資本の払戻しに該当するものと整理し、この問題の解決を図ることとした。

(ロ) 原告の主張

- 「剰余金の配当」とは、会社法等の私法上の「剰余金の配当」を意味するいわゆる借用概念であり、利益剰余金を原資とする剰余金の配当と資本剰余金を原資とする剰余金の配当という、私法上別個独立した2つの行為は、租税法上も、別個独立の「剰余金の配当」という行為として解すべきことからすれば、同法24条1項3号の「資本剰余金の額の減少に伴うもの」とは、資本剰余金を原資とする剰余金の配当をいい、利益剰余金を原資とする剰余金の配当を含まないと解するのがごく自然かつ合理的であり、利益剰余金を原資とする剰余金の配当については同法23条1項1号の剰余金の配当として同項の規定が、資本剰余金を原資とする剰余金の配当については同法24条1項3号の剰余金の配当として同項の規定がそれぞれ別個独立に適用されると解するのが論理的な帰結であるというべきである。

- 資本剰余金のみが原資である剰余金の配当と、利益剰余金のみが原資である剰余金の配当が、それぞれ別個の決議に基づき行われた場合は、納税者の選択した私法上の法形式は租税法上も尊重されるから、前者は法人税法24条1項3号で規律され、後者は同法23条1項1号で規律されることになり、また、私法上の決議が分かれている以上、議案の順番等により相互に先後関係があると私法上評価されるものと解される。
- 当該剰余金の配当の個別具体的な事実関係に照らして、課税上、上記の各部分のいずれが先行するかによって計算結果が変わるという先後関係の問題が生ずるときで、かつ、利益剰余金を原資とする部分が株式の譲渡対価に相当する資本金等の額の減少として取り扱われるという結果が生じないときに限っては、法人税法24条1項3号の「資本剰余金の額の減少に伴うもの」とは、原資に資本剰余金が含まれている剰余金の配当の全体(利益剰余金を原資とする部分も含む）をいうと解される。

② 東京地裁の判断

- 法人税法24条1項3号の「剰余金の配当（資本剰余金の額の減少に伴うものに限る。)」との規定は，同法23条1項1号の「剰余金の配当（……資本剰余金の額の減少に伴うもの……を除く。)」との規定と対になった規定であり、このうち同法23条1項1号の規定が上記のとおり利益剰余金のみを原資とする剰余金の配当を意味するものであることからすれば、その文理の論理的帰結として、同法24条1項3号の規定は、利益剰余金のみを原資とする剰余金の配当を除いた剰余金の配当、すなわち、資本剰余金のみを原資とする剰余金の配当及び資本剰余金と利益剰余金の双方を原資とする剰余金の配当を意味するものと解するのが自然である。

- 当該剰余金の配当直前の利益積立金額が0未満（マイナス）である場合には、減少した資本剰余金の額を超える「払戻し等の直前の払戻等対応資本金額等」が算出されることとなるから(かっこ内省略)、当該剰余金の配当が資本剰余金と利益剰余金の双方を原資とするものであった場合には、利益剰余金を原資とする部分の剰余金の配当の額が上記「払戻し等の直前の払戻等対応資本金額等」に含まれることとなり、ひいては「株式又は出資に対応する部分の金額」に含まれることとなる。
- 法人税法施行令23条1項3号の定めは、資本剰余金と利益剰余金の双方を原資とする剰余金の配当への適用に当たり、当該剰余金の配当により減少した資本剰余金の額を超える「払戻し等の直前の払戻等対応資本金額等」が算出される結果となる限りにおいて法人税法の委任の範囲を逸脱した違法なものとして無効であるというべきであり、この場合の「払戻し等の直前の払戻等対応資本金額等」は、当該剰余金の配当により減少した資本剰余金の額と同額となるものと解するのが相当である。

(3) 控訴審 （東京高判令和元年5月29日・Westlaw. Japan 文献番号 2019WLJPCA05296003）

- 法24条1項3号の「資本の払戻し（剰余金の配当（資本剰余金の額の減少に伴うもの……)」とは、「資本剰余金の額の減少によって行う剰余金の配当」、すなわち、「資本剰余金を原資とする配当」を意味し、したがって、同号は、資本剰余金を原資とする配当について適用され、例外として、資本剰余金と利益剰余金の双方を同時に減少して剰余金の配当を行った場合において、いずれの配当が先に行われたとみるかによって課税関係に差異が生ずるものについては、これを「資本の払戻し」と整理し、同配当は同号の規律に服すると解するのが相当である。

- 本件資本配当はａ社において減少させた資本を原資とするものであり、本件利益配当は同社の留保利益を原資とするものであることが明らかであるというべきであって、控訴人が指摘する決議日及び効力発生日の同一性等の事情は、形式的なものであるにすぎず、それらの事情が、本件利益配当及び本件資本配当の各性質を変じさせて単一のものとして取り扱うことが許容される基礎を創出するものではないと解するのが相当である。また、本件資本配当及び本件利益配当の各会計処理が適正でなく、又は不適法であるとうかがうべき証拠も見当たらない(例えば、資本性のある金額を利益剰余金として配当したことなどはうかがわれない)。しかるときは、上記各事情が両配当が全体として一つのものであることを帰結させるとはいえない。
- 仮に、本件配当が法人税法上同時（一体的）に行われたものであるとして、そのことを理由に同号が適用されると解するとしても、本件配当のうち本件利益配当の原資が留保利益（利益剰余金）であるにもかかわらず、これに資本配当として課税がされることになり、それは法24条1項3号の委任の範囲を超えることになることは、原判決「事実及び理由」の第3の2に記載のとおりである。

(4)　最一小判　（令和3年3月11日、裁判所のHPに掲載）

- 会社法における剰余金の配当をその原資により区分すると、①利益剰余金のみを原資とするもの、②資本剰余金のみを原資とするもの及び③利益剰余金と資本剰余金の双方を原資とするものという3類型が存在するところ、法人税法24条1項3号（筆者加筆；現行4号。以下同じ）は、資本の払戻しについて「剰余金の配当（資本剰余金の額の減少に伴うものに限る。）…」と規定しており、これは、同法23条1項1号の規定する「剰余金の配当（…資本剰余金の額の減少に伴うもの…を除く。）」と対になったものであるから、このような両規定の文理等に照らせば、同法は、資本剰余金の額が減少する②及び③については24条1項3号の資本の払戻しに該当する旨を、それ以外の①については23条1項1号の剰余金の配当に該当する旨をそれぞれ規定したものと解される。

- 利益剰余金と資本剰余金の双方を原資として行われた剰余金の配当は、その全体が法人税法24条1項3号に規定する資本の払戻しに該当するものというべきである。
- 法人税法は、資本部分と利益部分とをしゅん別するという基本的な考え方に立ちつつも、会社財産の株主への払戻しについて、その原資の会社法上の違いにより23条1項1号と24条1項3号の適用を区別することとし、利益剰余金のみを原資とする払戻しは、23条1項1号により、資本部分が含まれているか否かを問わずに一律に利益部分の分配と扱った上でその全部又は一部を益金の額に算入しないこととする一方で、資本剰余金のみを原資とする払戻しは、24条1項3号により、資本部分の払戻しと利益部分の分配とに分け、後者の金額を23条1項1号の配当とみなすこととするという仕組みを採っているものということができる。
- 簿価純資産価額が直前資本金額より少額である場合に限ってみれば、上記の計算方法では減少資本剰余金額を超える直前払戻等対応資本金額等が算出されることとなり、利益剰余金及び資本剰余金の双方を原資として行われた剰余金の配当において上記のような直前払戻等対応資本金額等が算出されると、利益剰余金を原資とする部分が資本部分の払戻しとして扱われることとなる。

• 株式対応部分金額の計算方法について定める法人税法施行令23条1項3号の規定のうち、資本の払戻しがされた場合の直前払戻等対応資本金額等の計算方法を定める部分は、利益剰余金及び資本剰余金の双方を原資として行われた剰余金の配当につき、減少資本剰余金額を超える直前払戻等対応資本金額等が算出される結果となる限度において、法人税法の趣旨に適合するものではなく、同法の委任の範囲を逸脱した違法なものとして無効というべきである。

(5) 評　釈

このように、東京高裁は、資本剰余金と利益剰余金の双方を同時に減少して剰余金の配当を行った場合には、いずれの配当が先に行われたとみるかによって課税関係に差異が生ずる場合にのみ、全体を資本の払戻しとして処理すべきであると判示した。

これに対し、最高裁は、資本剰余金のみを原資とする剰余金の配当だけでなく、資本剰余金と利益剰余金の双方を原資とする剰余金の配当についても、資本の払戻しとして処理することを原則としながらも、一定の場合には、法人税法施行令23条1項3号の定めが無効になると判断した。本最高裁判決を受け、令和4年度税制改正では、資本の払戻しに係る資本金等の額の計算の基礎となる減資資本金額及びみなし配当の額の計算の基礎となる払戻等対応資本金額等を、その資本の払戻しにより減少した資本剰余金の額を限度とする改正が行われた。

なお、本事件については、法人税法施行令に定められていたとしても、法人税法の趣旨に反する場合には、委任の範囲を逸脱した違法なものとして無効になるという判断が示されたことに注目したい。包括的租税回避防止規定（法法132の2）に制度濫用論が導入されてから、制度趣旨を理解することの重要性が説かれるようになった。本事件では、納税者にとって有利な形で法人税法施行令の定めが無効となったが、納税者にとって不利な形で無効になることがあり得るのかという点が、いずれ問題になる可能性が考えられる。

Ⅵ　解散による残余財産の分配

1　通常の場合

内国法人が解散した後に、当該内国法人から残余財産の分配が行われた場合には、その株主においてみなし配当と株式譲渡損益が発生する。具体的な計算は、以下のとおりである。

＜みなし配当＞（法令23①四、所令61②四）

みなし配当の金額＝

$$\text{清算分配金} - \text{払戻等対応資本金等の額} \times \frac{\text{保有株式数}}{\text{発行済株式の総数}}$$

（注）払戻等対応資本金等の額とは、以下の算式により求めた金額となる。

$$\text{払戻し等の直前の資本金等の額} \times \frac{(\text{ロ})}{(\text{イ})}$$

(イ)＝払戻法人の前事業年度終了の時の簿価純資産価額

(ロ)＝解散による残余財産の分配により交付した金銭の額及び金銭以外の資産の価額（適格現物分配に係る資産にあっては、その交付の直前の帳簿価額）の合計額

ただし、上記(ロ)／(イ)の割合は、直前資本金額等が零以下である場合には零とし、直前資本金額等が零を超え、かつ、(イ)に掲げる金額が零以下である場合は１とし、当該割合に小数点以下３位未満の端

数があるときはこれを切り上げる必要がある。

さらに、残余財産の全部の分配を行う場合には、直前資本金等の額が零以下である場合には零とし、零を超える場合には1とする必要がある。

＜株式譲渡損益＞（法法61の2①、措法37の10③四）

株式譲渡損益の金額 ＝ **（清算分配金－みなし配当の金額）－譲渡原価**

なお、みなし配当及び株式譲渡損益の計上時期は、残余財産の分配を受けた日になる（法規27の3十六、法基通2－1－27(5)ホ、所基通36－4(3)ホ、措通37の10・37の11共－1(6)ホ）。すなわち、清算結了時点ではなく、その前段階である残余財産の分配の日において、株主の課税関係が終了する。

【残余財産の分配を受けた株主における仕訳】

(借)	現金預金	×××	(貸) 有価証券	×××
	未収源泉税	×××	受取配当金	×××
			株式譲渡損益	×××

2　完全支配関係のある内国法人が解散による残余財産の分配をした場合

平成22年度税制改正により、完全支配関係のある内国法人が解散による残余財産の分配をした場合には、その法人株主において、株式譲渡損益を認識することができなくなった（法法61の2⑰）。そのため、上記の計算のうち、みなし配当のみが発生し、株式譲渡損益は計上されない。

【残余財産の分配を受けた株主における仕訳】

(借)	現金預金	×××	(貸)	有価証券	×××
	未収源泉税	×××		受取配当金	×××
				資本金等の額	×××

(注1) 残余財産の分配を受けた株主において、株式譲渡損益に相当する部分の金額は、資本金等の額の増減項目となる(法令8①二十二)。

(注2) 厳密には、完全支配関係は、従業員持株会の株式と新株予約権の行使により役員又は使用人が所有することになった株式との合計数が発行済株式総数の5%未満のものについては発行済株式総数から除いて判定するため(法令4の2②)、95%超100%未満であっても、完全支配関係に該当することも想定される。

(注3) 直接の100%子会社だけでなく、兄弟会社の株式の一部を保有している場合にも、同様に株式譲渡損益を認識することはできない。

(注4) 100%子会社以外は、みなし配当と株式譲渡損益を認識する必要がある。なお、みなし配当と株式譲渡損が発生する場合には、みなし配当に対しては受取配当等の益金不算入(法法23)が適用され、株式譲渡損に対しては損金の額に算入されることから、みなし配当に相当する部分の金額だけ、会計上の損失よりも、法人税法上の損失が増加してしまう。そのため、平成22年度税制改正により、自己株式として取得されることを予定して取得した株式については、上記のみなし配当に相当する金額は、受取配当等の益金不算入を適用することができなくなった(法法23③)。しかしながら、この特例は、自己株式の取得によりみなし配当が発生する場合に限定されており、それ以外の事由によりみなし配当が発生する場合には適用されないため、残余財産が確定したことにより、みなし配当が発生した場合には、たとえ、残余財産が確定することを予定して取得した株式であっても、受取配当等の益金不算入を適用することができる。なお、極端な事例に対しては、同族会社等の行為計算の否認(法法132)が適用される可能性があるという点に留意が必要である。

（注５）　完全支配関係がある内国法人の残余財産が確定した場合には、当該内国法人の当該残余財産の確定の日の翌日前９年又は10年以内に開始した各事業年度において生じた未使用の繰越欠損金を、その法人株主である内国法人に引き継ぐことができる（法法57②）。

Ⅶ　自己株式の取得

1　法人株主

法人税法上、法人の株主である内国法人が当該法人による自己株式の取得により金銭その他の資産の交付を受けた場合において、その金銭の額及び金銭以外の資産の価額の合計額が当該法人の資本金等の額のうちその交付の基因となった当該法人の株式に対応する部分の金額を超えるときは、その超える部分の金額が、みなし配当として取り扱われる（法法 24 ①五）。

例えば、A 社による自己株式の取得により、P 社が 2 億円の金銭を取得した場合において、P 社が譲渡した A 社株式が A 社の発行済株式総数の 100 分の 10 であり、A 社の資本金等の額が 5,000 万円であるときは、交付の基因となった A 社株式に対応する資本金等の額は 500 万円（= 5,000 万円 × 10%）であるため、差額の 1 億 9,500 万円がみなし配当として取り扱われる。

さらに、株式の譲渡取引でもあることから、みなし配当の計算だけでなく、株式譲渡損益の計算をする必要がある。しかし、法人税法 61 条の 2 第 1 項 1 号において、株式譲渡損益を計算する際に、譲渡対価の額（2 億円）からみなし配当に相当する金額（1 億 9,500 万円）を控除することが明らかにされているため、上記のケースでは 500 万円を譲渡収入として計算する。すなわち、譲渡原価が 700 万円である場合には、差額の 200 万円が株式譲渡により生じた損失として、損金の額に算入されることになる。

（注1） 自己株式の取得であっても、以下のものについては、みなし配当として取り扱われず、株式の譲渡収入として取り扱われることが明文化されている。

・金融商品取引所（これに類するもので外国の法令に基づき設立されたものを含む）の開設する市場における購入（法令23③一）

・店頭売買登録銘柄として登録された株式のその店頭売買による購入（法令23③二）

・金融商品取引法2条8項に規定する金融商品取引業のうち同項10号に掲げる行為を行う者が同号の有価証券の売買の媒介、取次ぎ又は代理をする場合におけるその売買（同号ニに掲げる方法により売買価格が決定されるものを除く）（法令23③三）

・事業の全部の譲受けに係る資産の中に自己株式が含まれている場合における譲渡法人（法令23③四）

・合併又は分割もしくは現物出資（適格分割もしくは適格現物出資又は事業を移転し、かつ、当該事業に係る資産に当該分割もしくは現物出資に係る分割承継法人もしくは被現物出資法人の株式（自己株式）が含まれている場合の当該分割若しくは現物出資に限る）により被合併法人又は分割法人もしくは現物出資法人から移転する場合における被合併法人等（法令23③五）

・適格分社型分割（自己株式となる分割承継親法人株式が交付されるものに限る）により分割承継法人から交付を受ける場合における分割承継法人（法令23③六）

・株式交換（自己株式となる親法人の株式が交付されるものに限る）による株式交換完全親法人から交付を受ける場合における株式交換完全親法人（法令23③七）

・合併に反対する当該合併に係る被合併法人の株主等の買取請求に基づく買取り（法令23③八）

・単元未満株式又は1株に満たない端数の買取り（法令23③九）

・全部取得条項付種類株式を発行する旨の定めを設ける定款等の変更に反対する株主等の買取請求に基づく買取り（その買取請求の時において、当該全部取得条項付種類株式の同号に定める取得決議に係る取得対価の割当てに関する事項（当該株主等に交付する当該買取りをする法人の株式の数が1に満たない端数となるものに限る）が当該株主等に明らかにされている場合（法人税法 61条の2第14項に規定する場合に該当する場合に限る）における当該買取りに限る）（法令23③十）

・全部取得条項付種類株式に係る取得決議（当該取得決議に係る取得の価格の決定の申立てをした者でその申立てをしないとしたならば当該取得の対価として交付されることとなる当該取得をする法人の株式の数が1に満たない端数となるものからの取得（法人税法 61条の2第14項3号に規定する場合に該当する場合における当該取得に限る）に係る部分に限る）（法令23③十一）

・取得請求権付株式又は取得請求権付種類株式の取得等の対価として生ずる1株に満たない端数に相当する部分の対価としての金銭の交付（法令23③十二）

・取得請求権付株式又は取得請求権付種類株式に係る請求権の行使により、その取得の対価として取得法人の株式のみが交付される場合の請求権の行使（交付を受けた株式の時価が譲渡をした株式の時価とおおむね同額でないと認められる場合を除く）（法法 24①五、61の2⑭一）

・取得条項付株式又は取得条項付種類株式に係る取得事由の発生により、その取得の対価として当該取得をされる株主等に取得法人の株式のみが交付される場合（その取得の対象となった種類の株式のすべてが取得をされる場合には、その取得の対価として当該取得をされる株主等に取得法人の株式及び新株予約権のみが交付される場合を含む）の当該取得事由の発生（交付を受けた株式又は新株予約権の時価が譲渡をした株式の時価とおおむね同額でないと認められる

場合を除く）（法法24①五、61の2⑭二）

・全部取得条項付種類株式に係る取得決議により、その取得の対価として当該取得をされる株主等に取得法人の株式のみが交付される場合又は取得法人の株式及び新株予約権のみが交付される場合の当該取得決議（交付を受けた株式又は交付を受けた株式及び新株予約権の時価が譲渡をした株式の時価と概ね同額でないと認められる場合を除く）（法法24①五、61の2⑭三）

（注2） 以下のものは、対価性のない行為であることから、みなし配当を認識しない。

・現物分配による自己株式の取得の場合の現物分配法人

・解散による残余財産の分配による自己株式の取得の場合の解散法人

・合併による合併法人からの交付による自己株式の取得（ex.親法人が保有している被合併法人株式に対する親法人株式の割当て）の場合の合併法人

・抱合せ株式に対するみなし割当ての場合の被合併法人

・分割型分割による分割法人からの交付による自己株式の取得（ex.親法人が保有している分割法人株式に対する親法人株式の割当て）の場合の分割法人等

（注3） 完全支配関係のある子会社に対して、自己株式を買い取らせた場合には、株式譲渡損益を認識せず、資本金等の額の増減項目として取り扱う必要がある（法法61の2⑰、2十六、法令8①二十二）。

参考①　非適格現物分配

自己株式の買取りの対価として、非適格現物分配を行った場合にも、みなし配当及び株式譲渡損益を認識することになる（法法24①五、61の2①、法令23①六）。

【現物分配法人の株主（自己株式の買取りの対価として現物分配を行う場合）】

（借）	資産	×××	（貸）	現物分配法人株式	×××
	未収源泉税	×××		受取配当金	×××
				株式譲渡損益	×××

（注）　現物分配により交付した資産の時価が、被現物分配法人の資本金等の額のうちその交付の基因となった当該法人の株式に対応する部分の金額を超えるときは、その超える部分の金額が、みなし配当として取り扱われる。そして、株式譲渡損益の計算上、譲渡収入の金額は、上記のみなし配当の金額を控除することにより計算し、譲渡原価の金額は、買い取られた株式の帳簿価額により計算する。

参考②　適格現物分配

自己株式の買取りの対価として、適格現物分配を行った場合には、完全支配関係のある法人の株式から生じる株式譲渡損益であることから、益金の額又は損金の額に算入されずに、株式譲渡損益に相当する金額は、資本金等の額の増減項目として取り扱われる（法法61の2⑰、法令8①二十二）。

【自己株式の買取りの対価として、適格現物分配を行った場合】

（借）	資産	×××	（貸）	現物分配法人株式	×××
				利益積立金額	×××
				資本金等の額	×××

2 個人株主

所得税法上、法人の株主である個人が当該法人による自己株式の取得により金銭その他の資産の交付を受けた場合において、その金銭の額及び金銭以外の資産の価額の合計額が当該法人の資本金等の額のうちその交付の基因となった当該法人の株式に対応する部分の金額を超えるときは、その超える部分の金額が、みなし配当として取り扱われる（所法25①五）。

なお、所得税法上、みなし配当については配当所得に分類されるため（所法24、25）、他の所得と合算して総合課税の対象となる（所法22①・②）。そして、法人税との二重課税を回避する目的から配当控除の制度が設けられている（所法92）。

さらに、株式の譲渡取引であることから、みなし配当の計算だけでなく、株式譲渡損益の計算をする必要がある。しかし、租税特別措置法37条の10第3項5号において、株式譲渡損益を計算する際に、自己株式の取得により交付を受ける金銭の額及び金銭以外の資産の価額の合計額からみなし配当に該当する部分の金額を控除することとされている。

なお、株式等に係る譲渡所得の金額の計算上生じた損失の金額があるときは、当該損失の金額はなかったこととみなされるため、配当所得との損益通算を行うことはできないという点に留意が必要である（措法37の10①）。

（注）所得税法上も、法人税法と同様に、みなし配当として取り扱わず、株式の譲渡収入として取り扱う 1 に掲げた特例が認められている（所法25①五）。

それ以外にも、所得税特有の論点として、非上場株式における相続株主からの自己株式の買取り（措法9の7）も、みなし配当として取り扱わず、株式の譲渡収入として取り扱う特例が認められている。

3　発行法人

会計上の処理にかかわらず、法人税法上は、平成18年度税制改正により、自己株式を資産（有価証券）に計上せず（法法2二十一）、取得資本金額（1の種類の株式を発行していた法人である場合は、当該法人の自己株式の取得等の直前の資本金等の額を株数按分した金額）を取得等の時に資本金等の額から減算することになった（法令8①二十）。

また、自己株式の取得等により交付した金銭の額及び金銭以外の資産の価額の合計額が取得資本金額を超える場合におけるその超える部分の金額については、利益積立金額の減算項目となる（法令9①十四）。

（注1）　交付した金銭の額及び金銭以外の資産の価額の合計額が、取得資本金額（当該法人の自己株式の取得等の直前の資本金等の額を株数按分した金額）に満たない場合には、減少すべき資本金等の額は、交付した金銭の額及び金銭以外の資産の価額の合計額となる。すなわち、利益積立金額を増減させず、交付した金銭の額及び金銭以外の資産の価額の合計額に相当する金額だけ、資本金等の額を減少させることになる。

（注2）　当該法人の自己株式の取得等の直前の資本金等の額が零以下である場合には、資本金等の額を増減させず、すべて利益積立金額の減少として取り扱う。

（注3）　無償取得の場合には、交付した金銭の額及び金銭以外の資産の価額の合計額が零であることから、みなし配当も発生せず、資本金等

の額及び利益積立金額も減少しない。

（注4） 1、2で解説したように、法人株主及び個人株主では、みなし配当として取り扱わず、株式の譲渡収入として取り扱う特例が認められている。発行法人においても、法人税法24条1項5号に掲げる事由による取得に該当しないことから、法人税法施行令8条1項20号ではなく、同項21号が適用されるため、利益積立金額の減少ではなく、資本金等の額の減少として取り扱われる。

しかしながら、租税特別措置法に規定する特例、すなわち、非上場株式における相続株主からの自己株式の買取り（措法9の7）の特例は、依然として、法人税法施行令8条1項20号が適用されることから、個人株主では、みなし配当として取り扱わなかったとしても、発行法人においては利益積立金額が減少するという点に留意が必要である。

（注5） 平成18年度税制改正により自己株式の取得に要した付随費用は、自己株式が有価証券でなくなったことから、支出時に損金の額に算入されることになった（『平成18年版改正税法のすべて』248頁）。

4 種類株式

前述のように、法人の株主である内国法人又は個人が当該法人による自己株式の取得により金銭その他の資産の交付を受けた場合において、その金銭の額及び金銭以外の資産の価額の合計額が当該法人の資本金等の額のうちその交付の基因となった当該法人の株式に対応する部分の金額を超えるときは、その超える部分の金額が、みなし配当として取り扱われる（法法24①五、所法25①五）。

しかし、取得条項付種類株式や取得請求権付種類株式を発行している場合には、種類株式ごとに「当該法人の資本金等の額のうちその交付の基因となった当該法人の株式に対応する部分の金額」を計算しないと、みなし配当の金額が過大又は過少になることも少なくない。

そのような状況を改善するために、平成18年度税制改正により、2以上の種類の株式を発行している場合には、取得法人の当該自己株式の取得の直前における当該自己株式の取得に係る株式と同一の種類の株式に係る種類資本金額を当該直前の当該種類の株式の総数で除し、これに当該法人の株主である内国法人又は個人が当該直前に有していた当該自己株式の取得に係る当該種類の株式の数を乗じて計算した金額を「当該法人の資本金等の額のうちその交付の基因となった当該法人の株式に対応する部分の金額」とすることとされた。ただし、取得法人の当該自己株式の取得の直前の当該種類資本金額が零以下である場合には、「当該法人の資本金等の額のうちその交付の基因となった当該法人の株式に対応する部分の金額」は、零になる（法令23①六ロ、所令61②六ロ）。

なお、この場合における種類資本金額とは、種類の株式ごとに計算した資本金等の額をいう（法令8②）。

5 反対株主の株式買取請求

前述のように、被合併法人の株主が反対株主の株式買取請求を行った場合におけるみなし配当の特例が定められている（法令23③八、所令61①八）。これは、当該買取請求に係る株式の買取りを行ったときは、合併の効力発生日（新設合併の場合は、成立の日）に被合併法人が被合併法人株式を取得したものとして取り扱われるからである（会社法786⑥、807⑥）。

すなわち、本来であれば、被合併法人による自己株式の買取りに該当することから、原則として、みなし配当を認識する必要がある

(法法 24 ①五、所法 25 ①五)。これは、本件合併が適格合併に該当する場合であっても、非適格合併に該当する場合であっても同様である。しかし、当該買取請求に係る株式の買取りは、合併の日に遡って効力が生じるのに対し、合併の日においては金額不確定の状況にあることから、技術的に源泉所得税を徴収することができないという問題を解決する必要があった(『平成 18 年版　改正税法のすべて』264 頁参照)。

しかし、合併法人、分割法人、分割承継法人、株式交換完全親法人、株式交換完全子法人、株式移転完全親法人及び株式移転完全子法人の株主に対しては、このような特例が定められていない。平成 26 年会社法改正により、それぞれの株主からの買取りの効力が組織再編の日に生じることになったため、被合併法人の株主と同様の問題が生じるものの、現行法上は、みなし配当の特例が定められていない。今後の税制改正により、みなし配当の特例を定めるべきであると考えられる。

6　1 株に満たない端数の処理

(1)　非適格合併

①　合併法人株式のみの交付を受けた株主

前述のように、被合併法人の株主に合併法人株式のみを交付する合併を行った場合には、非適格合併に該当したとしても、株式譲渡損益を認識する必要はない（法法 61 の 2 ②、措法 37 の 10 ③一)。

しかし、被合併法人株式 10 株に対して、合併法人株式 1 株が交付される場合には、交付すべき合併法人株式に 1 株に満たない端数が生じることがある。このような場合に、被合併法人の株主に合併法人株式又は親法人株式のいずれか一方の株式以外の資産が交付されたものとして、株式譲渡損益を認識すべきかが問題になる。

この点については、会社法234条1項及び2項に規定する1株に満たない端数の原則的な処理方法が、いったん、合併法人が1株に満たない端数をまとめて1株の単位（その合計数に1株に満たない端数がある場合は、切り捨てる）にした上で、競売等により譲渡し、その競売等による代金を被合併法人の株主に交付するという手続になっていることから、(イ) 合併の対価として、1株に満たない合併法人株式に相当する株式を交付し、(ロ) 1株に満たない端数に相当する株式の交付を受けた株主に代わって1株に満たない端数に相当する株式を譲渡し、(ハ) 合併法人が (ロ) の手続で預かっていた譲渡代金を当該株主に返す、という3つの手続であるため、合併の対価として、金銭を交付したのではないと考えられる。

そのため、原則として、被合併法人の株主では、みなし配当のみを認識し、株式譲渡損益を認識すべきではないと考えられる（法法24①一、所法25①一）。

② 1株に満たない端数に応じて金銭の交付を受けた株主

これに対し、1株に満たない端数に相当する株式の交付を受けた株主では、会社法234条1項、2項又は4項の規定により、1株に満たない端数に相当する株式の譲渡対価として金銭を受け取っているため、1株に満たない端数に相当する株式の交付を受け、直ちに譲渡したものとして、株式譲渡損益を認識する必要がある（法基通2－3－25)。

なお、後述する適格合併では、1株に満たない端数を合併法人が買い取ったとしても、みなし配当の計算は不要であるが（法令23③九、所令61①九)、非適格合併の場合には、1株に満たない端数に応じて金銭の交付を受ける前段階、すなわち、1株に満たない端数に相当する株式の交付を受ける段階において非適格合併に伴うみなし配当を認識する必要があることから、株式譲渡損益だけでなく、みなし配当も認識する必要がある（法法24①一、61の2①、所法25①一、措法37の10①）。

③ 現金交付型合併

現金交付型合併の場合には、そもそも合併法人株式が割り当てられず、対価として金銭が交付されるため、上記のような1株に満たない端数が生じる余地はない。

(2) 適格合併

① 合併法人株式のみの交付を受けた株主

被合併法人の株主に合併法人株式のみを交付する適格合併を行った場合には、みなし配当や株式譲渡損益を認識する必要はない（法法24①一、61の2②、所法25①一、措法37の10③一）。

しかし、被合併法人株式10株に対して、合併法人株式1株が交付される場合には、交付すべき合併法人株式に1株に満たない端数が生じることがある。このような場合において、被合併法人の株主に合併法人株式又は親法人株式のいずれか一方の株式以外の資産が交付されたものとして、みなし配当及び株式譲渡損益を認識すべきかが問題になる。

この点については、法人税基本通達1－4－2において、1株に満たない端数に相当する株式に応じて金銭を交付したとしても、1株に満たない合併法人株式を交付したものとして、税制適格要件の判定を行うことが明らかにされていることから、株式譲渡損益の計算における合併法人株式又は親法人株式のいずれか一方の株式以外の資産が交付されたか否かの判定でも、同様に解するべきであると考えられる。そのため、原則として、被合併法人の株主では、みなし配当や株式譲渡損益を認識すべきではないと考えられる。

② 1株に満たない端数に応じて金銭の交付を受けた株主

これに対し、1株に満たない端数に相当する株式の交付を受けた株主では、会社法234条1項、2項又は4項の規定により、1株に満たない端数に相当する株式の譲渡対価として金銭を受け取っていることから、1株に満たない端数に相当する株式の交付を受け、直ちに譲渡したものとして、株式譲渡損益を認識する必要がある（法基通2－3－25)。さらに、同法234条4項の規定により、1株に満たない端数に相当する合併法人株式を合併法人が買い取ったとしても、みなし配当を認識する必要はないことから（法令23③九、所令61①九)、認識する必要があるものは株式譲渡損益のみである（法法61の2①、措法37の10①)。

なお、1株に満たない端数に応じて金銭（代わり金）の交付を受けた株主が法人株主である場合には、厳密な株式譲渡損益の計算を行わず、交付を受けた金銭（代わり金）を譲渡収入とし、譲渡原価を0円として処理することも認められている（法基通2－3－25)。

③ 現金交付型合併

現金交付型合併の場合には、そもそも合併法人株式が割り当てられず、対価として金銭が交付されるため、上記のような1株に満たない端数が生じる余地はない。

(3) 三角合併（適格合併）

① 親法人株式のみの交付を受けた株主

前述のように、合併法人株式を交付する通常の合併であれば、会社法234条1項及び2項において、1株に満たない端数の処理が規定されており、実質的には預り金の交付であるとみなすことができる（法基通1－4－2)。

これに対し、合併親法人株式に1株に満たない端数が生じた場合には、会社法234条を適用することができないため、預っていた競売等の譲渡代金を交付するという性質のものではなく、合併法人が被合併法人の株主に対して、合併の対価として金銭を交付したと考えられる。

この点については、被合併法人株式の数の割合に応じて交付すべき合併親法人株式の数に1株に満たない端数が生じる場合において、1株に満たない端数に応じて金銭を交付したときは、当該端数に相当する部分は、被合併法人の株主に対してその有する被合併法人株式の数の割合に応じて交付すべき合併親法人株式に含まれるものとして課税所得の計算を行うことが明らかにされている（法令139の3の2①、所令83の2①)。

そのため、1株に満たない端数が生じた場合に、当該1株に満たない端数に応じて金銭を支払ったとしても、金銭等不交付要件に抵触せず、他の要件を満たす限り、適格合併に該当する。また、適格合併に該当した場合には、被合併法人の株主が保有していた被合併法人株式の合併の直前の帳簿価額に相当する金額を合併親法人株式の取得価額に付け替えるだけで、みなし配当や株式譲渡損益を認識する必要はない（法法24①一、61の2②、所法25①一、措法37の10③一、法令119①五、所令112①)。

②　1株に満たない端数に応じて金銭の交付を受けた株主

これに対し、1株に満たない端数に応じて金銭の交付を受けた株主では、1株に満たない端数に相当する合併親法人株式の交付を受け、直ちに譲渡したものとして、株式譲渡損益を認識する必要がある（法基通2－3－25）。

なお、前述のように、適格合併を行った場合において、合併法人株式の交付を受けるときは、会社法234条4項の規定により、1株に満たない端数に相当する株式を合併法人が買い取ったとしても、みなし配当の計算は不要とされているが（法令23③九、所令61①九）、合併親法人株式の交付を受けたときは、会社法234条4項の規定によるものではないため、みなし配当を認識する必要があるのではないかという疑問が生じる。

しかし、法人税法24条1項5号及び所得税法25条1項5号において規定されているみなし配当の計算は、発行法人による自己株式の取得により生じるものであるのに対し、合併親法人株式の1株に満たない端数に対して金銭が交付される場合には、合併法人が自己株式を取得するのではなく、税務上、1株に満たない端数に相当する合併親法人株式が交付され、直ちに代わり金により合併法人に買い取られたものとみなされることから、自己株式の取得には該当しない。

そのため、1株に満たない端数に応じて金銭の交付を受けた株主では、みなし配当を認識する必要はないと考えられる。ただし、合併法人株式を交付した場合と同様に、株式譲渡損益を認識する必要がある（法法61の2①、措法37の10①）。

なお、株式譲渡損益の計算方法として、1株に満たない端数に応じて金銭（代わり金）の交付を受けた株主が法人株主である場合には、厳密な株式譲渡損益の計算を行わず、単純に交付を受けた金銭（代わり金）を譲渡収入とし、譲渡原価を0円として処理することも認められている（法基通2－3－25)。

(4)　非適格分割型分割

①　分割承継法人株式のみの交付を受けた株主

前述のように、分割承継法人株式のみを交付する分割型分割を行った場合には、非適格分割型分割に該当したとしても、分割型分割の日において、みなし配当のみを認識し、株式譲渡損益を認識する必要はない（法法24①二、61の2④、所法25①二、措法37の10③二)。

しかし、分割法人株式10株に対して、分割承継法人株式1株が交付される場合には、交付すべき分割承継法人株式に1株に満たない端数が生じることがある。また、会社法上、分割の効力発生日又は成立の日に、分割法人が分割法人の株主に対して、分割承継法人株式を剰余金の配当として交付することが認められているが（会社法758八ロ、763①十二ロ)、当該剰余金の配当を行う場合において、このような1株に満たない端数に対して分割対価資産（配当財産）の割当てを行わず、金銭を支払うことが認められている（会社法454④二、456)。

このような場合に、分割法人の株主に分割承継法人株式又は親法人株式のいずれか一方の株式以外の資産が交付されたものとして、株式譲渡損益を認識すべきか否かが問題になる。なぜなら、合併と異なり、預かっていた競売等の譲渡代金を交付するという性質のものではなく、分割法人が分割法人の株主に対して、交付を受けた分割対価資産である分割承継法人株式の代わりに金銭を交付したと考えられるからである。

この点については、分割法人株式の数の割合に応じて交付すべき分割承継法人株式の数に1株に満たない端数が生じる場合において、1株に満たない端数に応じて金銭を交付したときは、当該端数に相当する部分は、分割法人の株主に対してその有する分割法人株式の数の割合に応じて交付すべき分割承継法人株式に含まれるものとして課税所得の計算を行うことが明らかにされている（法令139の3の2②、所令83の2②）。

そのため、原則として、分割法人の株主では、みなし配当のみを認識し、株式譲渡損益を認識する必要はない（法法24①二、所法25①二）。

②　1株に満たない端数に応じて金銭の交付を受けた株主

これに対し、1株に満たない端数に応じて金銭の交付を受けた株主では、税務上、1株に満たない端数に相当する株式の交付を受け、直ちに譲渡したものとして、株式譲渡損益を認識する必要がある（法基通2－3－25）。

なお、後述する適格分割型分割では、分割法人から1株に満たない端数に応じて金銭の交付を受けたとしても、みなし配当の計算は不要であると考えられるが、非適格分割型分割の場合には、1株に満たない端数に応じて金銭の交付を受ける前段階、すなわち、1株に満たない端数に相当する株式の交付を受ける段階において非適格分割型分割に伴うみなし配当を認識する必要があることから、株式譲渡損益だけでなく、みなし配当も認識する必要がある（法法24①二、61の2①、所法25①二、措法37の10①）。

(5)　適格分割型分割

①　分割承継法人株式のみの交付を受けた株主

前述のように、分割承継法人株式のみを交付する適格分割型分割を行った場合には、分割法人の株主において、みなし配当や株式譲渡損益を認識する必要はない（法法24①二、61の2④、所法25①二、措法37の10③二）。

しかし、分割法人株式10株に対して、分割承継法人株式1株が交付される場合には、交付すべき分割承継法人株式に1株に満たない端数が生じることがある。また、会社法上、分割の効力発生日又は成立の日に、分割法人が分割法人の株主に対して、分割承継法人株式を剰余金の配当として交付することが認められているだけでなく（会社法758八ロ、763①十二ロ）、1株に満たない端数に対して分割対価資産（配当財産）の割当てを行わず、金銭を支払うことも認められている（会社法454④二、456）。

このような場合に、分割法人の株主に分割承継法人株式又は親法人株式のいずれか一方の株式以外の資産が交付されたものとして、株式譲渡損益を認識すべきか否かが問題になる。なぜなら、合併と異なり、預っていた競売等の譲渡代金を交付するという性質のものではなく、分割法人が分割法人の株主に対して、交付を受けた分割対価資産である分割承継法人株式の代わりに金銭を交付したと考えられるからである。

この点については、1株に満たない端数に応じて金銭を交付した場合には、当該端数に相当する部分は、分割法人の株主に対してその有する分割法人株式の数の割合に応じて交付すべき分割承継法人株式に含まれるものとして課税所得の計算を行うこととされていることから、分割法人の株主では、みなし配当や株式譲渡損益を認識する必要はないと考えられる(法令139の3の2②、所令83の2②)。

②　1株に満たない端数に応じて金銭の交付を受けた株主

これに対し、1株に満たない端数に応じて金銭の交付を受けた株主では、税務上1株に満たない端数に相当する株式の交付を受け、直ちに譲渡したものとして、株式譲渡損益を認識する必要がある（法基通２－３－25）。

なお、適格合併を行った場合において、会社法234条４項の規定に従って、１株に満たない端数に相当する合併法人株式を合併法人が買い取ったとしても、みなし配当の計算は不要とされているが（法令23③九、所令61①九）、適格分割型分割を行った場合には、会社法234条４項の規定によるものではないため、みなし配当を認識する必要があるのではないかという疑問が生じる。

しかし、法人税法24条１項５号及び所得税法25条１項５号において規定されているみなし配当の計算は、発行法人による自己株式の取得により生じるものであるのに対し、適格分割型分割を行った場合において、分割承継法人株式の１株に満たない端数に対して金銭が交付されるときは、分割承継法人が自己株式を取得するのではなく、税務上、分割法人から剰余金の配当として、１株に満たない端数に相当する分割承継法人株式が交付され、直ちに代わり金により分割法人に買い取られたものとみなすことから、自己株式の取得には該当しないと考えられる。

さらに、法人税法23条１項１号及び所得税法24条１項では、剰余金の配当から分割型分割により交付を受けたものは除かれており、「みなし配当」に該当しない限り、受取配当金として処理しないことが明らかにされている。

そのため、１株に満たない端数に応じて金銭の交付を受けた株主では、みなし配当を認識する必要はないと考えられる。しかしながら、適格合併と同様に、株式譲渡損益を認識する必要があるという点に留意が必要である（法法61の２①、措法37の10①）。

③　三角分割型分割

三角分割型分割における１株に満たない端数の処理は、前述の三角合併と同様である（法令139の3の2②、所令83の2②、法基通2－3－25)。

(6) 株式交換

① 株式交換完全親法人株式のみの交付を受けた株主

株式交換完全子法人の株主に株式交換完全親法人株式又は親法人株式のいずれか一方の株式以外の資産が交付されない株式交換を行った場合は、株式譲渡損益を認識しない（法法61の2⑨、法令119①九、119の7の2④、所法57の4①、所令167の7①・④)。

しかし、株式交換完全子法人株式10株に対して、株式交換完全親法人株式1株が交付される場合には、交付すべき株式交換完全親法人株式に1株に満たない端数が生じることがある。このような場合、株式交換完全子法人の株主に株式交換完全親法人株式又は親法人株式のいずれか一方の株式以外の資産が交付されたものとして、株式譲渡損益を認識すべきかが問題になる。

この点については、1株に満たない端数に相当する株式に対して金銭を交付したとしても、1株に満たない株式交換完全親法人株式を交付したものとして処理するため、株式譲渡損益を認識する必要はない（法基通1－4－2参照)。

② 1株に満たない端数の対価として金銭の交付を受けた株主

これに対し、1株に満たない端数に相当する株式の交付を受けた株主では、会社法234条1項、2項又は4項の規定により、1株に満たない端数に相当する株式の譲渡対価として金銭の交付を受けているため、1株に満たない端数に相当する株式の交付を受け、直ちに譲渡したものとして、株式譲渡損益を認識する必要がある（法基通2－3－25)。

なお、会社法234条4項の規定により、1株に満たない端数に相当する株式交換完全親法人株式を株式交換完全親法人が買い取ったとしても、みなし配当を認識する必要はないため（法令23③九、所令61①九)、株式譲渡損益のみを認識する必要がある（法法61の2①、措法37の10①)。

③　三角株式交換

三角株式交換における1株に満たない端数の処理は、三角合併と同様である（法令139の3の2④、所令83の2④、法基通2－3－25)。

(7)　株式移転

株式移転完全親法人株式のみの交付を受けた場合には、株式譲渡損益を認識する必要はない（法基通1－4－2参照)。

これに対し、1株に満たない端数に相当する株式の対価として、金銭の交付を受けた株主は、株式譲渡損益を認識する必要がある（法法61の2①、措法37の10①、法令23③九、所令61①九、法基通2－3－25)。

詳細な取扱いは、株式交換を行った場合における1株に満たない端数の処理と変わらない。

Ⅷ 株式交換・移転と株主課税

1 現金交付型株式交換

現金交付型株式交換を行った場合には、株式交換完全子法人の株主は、株式交換完全親法人に株式交換完全子法人株式を譲渡し、対価として金銭を受け取ることになる。そのため、対価として譲り受けた金銭と譲渡した株式交換完全子法人株式の帳簿価額の差額に相当する株式譲渡損益を認識する必要がある（法法 61 の 2 ①、措法 37 の 10 ①）。

なお、合併や分割型分割と異なり、株式交換完全子法人からの交付を受けたものとする旨の規定がないことから（法法 62 ①、法法 2 十二の九イ参照）、非適格株式交換に該当する場合であっても、みなし配当を認識する必要はない（『平成 18 年版　改正税法のすべて』299 頁参照）。

（注）株式交換完全子法人の株主に、株式交換完全子法人と完全支配関係のある内国法人が含まれている場合であっても、株式交換は、みなし配当事由に該当しないため、当該内国法人において、株式譲渡損益を認識する必要がある（法法 61 の 2 ⑰）。ただし、株式交換完全親法人と当該内国法人との間に完全支配関係がある場合には、当該株式譲渡損益を繰り延べる必要がある（法法 61 の 11 ①）。

2　株式交付型株式交換

前述のように、株式交換を行った場合には、株式交換完全子法人の株主が、株式交換完全親法人に株式交換完全子法人株式を譲渡し、対価として株式交換対価資産を受け取るため、株式譲渡損益を認識する必要がある。

しかし、対価として、株式交換完全親法人株式又は親法人株式のいずれか一方の株式以外の資産が交付されない場合には、その株主による投資が継続していると考えられるため、その段階で株式譲渡損益を認識すべきではない。これは、適格株式交換に該当する場合であっても、非適格株式交換に該当する場合であっても変わらない。

そのため、株式交換完全子法人の株主に株式交換完全親法人株式又は親法人株式のいずれか一方の株式以外の資産が交付されないときは、株式譲渡損益を認識せず、株式交換完全子法人株式の株式交換の直前の帳簿価額に相当する金額を株式交換完全親法人株式又は親法人株式の取得価額に付け替えることになる（法法61の2⑨、法令119①九、119の7の2④、所法57の4①、所令167の7①・④）。

（注）親法人株式とは、株式交換の直前に当該株式交換に係る株式交換完全親法人と親法人との間に当該親法人による完全支配関係がある法人の株式をいうのに対し（法令119の7の2④、所令167の7①）、株式交換完全支配親法人株式とは、株式交換の直前に当該株式交換に係る株式交換完全親法人と親法人との間に当該親法人による完全支配関係があり、かつ、当該株式交換後に当該株式交換完全親法人と親法人との間に当該親法人による完全支配関係が継続することが見込まれている場合における当該親法人株式をいう（法令4の3⑰）。すなわち、株式交換の直前の完全支配関係のみを要求しているのが

「親法人株式」であり、株式交換の直前のみならず、株式交換後の完全支配関係の継続をも要求しているのが「株式交換完全支配親法人株式」であるということができる。このように、「株式交換完全支配親法人株式」の定義に合致する株式は「親法人株式」の定義も満たすため、株式交換完全子法人の株主において、株式譲渡損益が認識されない。

3 株式移転

株式交換と同様に、株式移転完全子法人の株主は、株式移転完全親法人に株式移転完全子法人株式を譲渡し、株式移転対価資産を受け取ることから、それぞれの株主において株式譲渡損益が発生する。

しかし、株式移転完全子法人の株主が株式移転完全親法人株式ののみの交付を受ける株式移転は、みなし配当や株式譲渡損益を認識せずに、株式移転完全子法人株式の株式移転の直前の帳簿価額に相当する金額を株式移転完全親法人の取得価額に付け替えることになる(法法61の2⑪、法令119①十一、所法57の4②、所令167の7⑥)。

なお、株式移転には、株式交換と異なり、会社法上、三角株式移転の制度がないため(会社法773①七)、「親法人株式」という概念は存在しない。

第２章

受取配当等の益金不算入

内国法人が他の内国法人から配当を受け取った場合には、法人税法上、受取配当等の益金不算入の適用を受けることができる。そのため、通常の利益に比べて、大幅に法人税の負担を軽減することができる。

本章では、配当を受領した者が内国法人であることを前提として、その取扱いについて解説を行う。

Ⅰ　制度の概要

内国法人が他の内国法人から配当金を受け取った場合には、法人税法上、受取配当等の益金不算入の適用を受けることができる。ここでいう「益金不算入」とは、益金から除外して、法人税の課税所得の計算を行うという意味である。これは、他の内国法人で課税済みのその他利益剰余金について分配を受けることから、二重課税を回避するための規定である。

■図表2－1　受取配当等の益金不算入

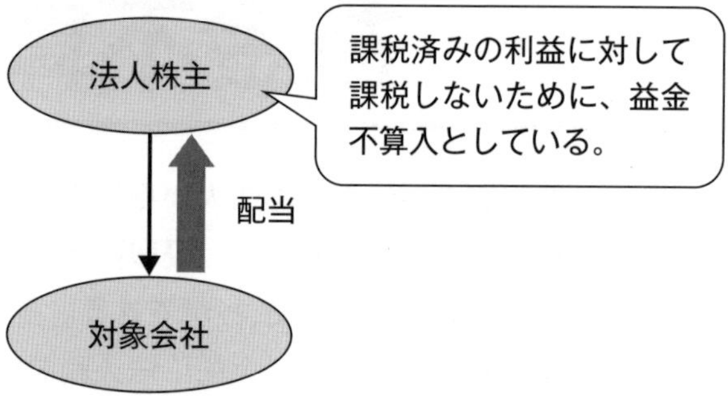

しかし、100％子会社からの配当であればともかくとして、それ以外の場合には、受取配当金に対応する負債利子が発生していると考えられることや、株式譲渡益と区別して課税関係を成立させる必要もないものもあるため、完全子法人株式等、関連法人株式等、その他の株式等、非支配目的株式等に分けて計算を行うことになる。

まず、完全子法人株式等とは、配当等の額の計算期間を通じて、内国法人との間に完全支配関係があった他の内国法人の株式又は出資をいう（法法23⑤、法令22の2）。

そして、関連法人株式等とは、配当等の額の計算期間を通じて、内国法人が他の内国法人の発行済株式総数の3分の1を超える数の株式を引き続き有している場合における当該株式をいう（法法23④、法令22）。

これらの株式に対する受取配当等の益金不算入の具体的な計算は、以下のとおりである。

＜完全子法人株式等＞

受取配当金の金額の総額が益金不算入額となる。

＜関連法人株式等＞

受取配当金の金額－控除負債利子＝益金不算入額

控除負債利子 ＝ 関連法人株式等に係る配当等の額の100分の4に相当する金額（その事業年度において支払う負債利子の額の100分の10に相当する金額を上限とする（法令19①・②））

＜それ以外の株式等＞

受取配当金の金額 × 50％ ＝ 益金不算入額

＜非支配目的株式等＞

受取配当金の金額 × 20％ ＝ 益金不算入額

このように、受取配当金に対しては、受取配当等の益金不算入が適用されることから、他の利益に比べて、税負担を圧縮することができる。

（注）　実務上、稀なケースであると考えられるが、同族会社等の留保金課税の適用を受けるような法人では、受取配当等の益金不算入を適用する前の所得を基礎に留保所得の計算を行うこととされているため（法法67③二）、受取配当金に対して留保金課税の対象になるケースがある。

Ⅱ　短期所有株式等

1　基本的な取扱い

法人税法23条2項では、内国法人がその受ける配当等の額の元本である株式等をその配当等の額の支払に係る基準日以前1か月以内に取得し、かつ、当該株式等又は当該株式等と銘柄を同じくする株式等を当該基準日後2か月以内に譲渡した場合におけるその譲渡した株式等のうち政令で定めるものの配当等の額については、受取配当等の益金不算入を適用しないことが明らかにされている。

ただし、みなし配当については、その適用から除外されているため、みなし配当を発生させる取引を行った場合には、短期所有株式等に該当するかどうかを検討する必要はない。

2　適格合併の特例

法人税法施行令20条1項では、短期所有株式等に該当するものについて規定されている。具体的には、配当等の額に係る基準日等後2か月以内に譲渡をした元本株式等（当該配当等の額の元本である株式等をいい、当該株式等と銘柄を同じくする株式等を含む）の数に、①に掲げる数のうちに②に掲げる数の占める割合を乗じて計算した数に相当する元本株式等としている。

① 当該基準日等において有する元本株式等の数と当該基準日等後2か月以内に取得をした元本株式等の数を合計した数

② 当該基準日等において有する元本株式等の数に、(イ)に掲げる数のうちに(ロ)に掲げる数の占める割合を乗じて計算した元本株式等の数

(イ) 当該基準日等から起算して1か月前の日において有する元本株式等の数と当該基準日等以前1か月以内に取得をした元本株式等の数とを合計した数

(ロ) 当該基準日等以前1か月以内に取得をした元本株式等の数

しかし、適格合併を行った場合には、合併法人と被合併法人を同一の法人と考えることから、法人税法施行令20条2項において、合併法人が保有する株式数に被合併法人が保有する株式数を加算して算定することが明らかにされている。具体的には、上記の内容が以下のように読み替えられている。

> 配当等の額に係る基準日等後2か月以内に譲渡をした元本株式等（当該配当等の額の元本である株式等をいい、当該株式等と銘柄を同じくする株式等を含む）と当該基準日等の翌日から当該配当等の額に係る配当等がその効力を生ずる日までの期間内に行われた適格合併（以下、「基準日等後適格合併」という）に係る被合併法人が当該基準日等後2か月以内に譲渡をした元本株式等を合計した数に、①に掲げる数のうちに②に掲げる数の占める割合を乗じて計算した数に相当する元本株式等
>
> ① 当該基準日等において有する元本株式等の数（基準日等後適格合併に係る被合併法人が当該基準日等において有する元本株式等の数を加算した数。②において同じ）と当該基準日等後2か月以内に取得をした元本株式等の数（当該被合併法人が当該基準日等後2か月以内に取得をした元本株式等の数

を加算した数）を合計した数

② 当該基準日等において有する元本株式等の数に、(イ)に掲げる数のうちに(ロ)に掲げる数の占める割合を乗じて計算した元本株式等の数

(イ) 当該基準日等から起算して１か月前の日において有する元本株式等の数（当該１か月前の日の翌日から当該配当等の額に係る配当等がその効力を生ずる日までの期間内に行われた当該内国法人を合併法人とする適格合併に係る被合併法人が当該１か月前の日において有する元本株式等の数を加算した数）と当該基準日等以前１か月以内に取得をした元本株式等の数（当該被合併法人が当該基準日等以前１か月以内に取得をした元本株式等の数を加算した数。(ロ)において同じ）とを合計した数

(ロ) 当該基準日等以前１か月以内に取得をした元本株式等の数

ただし、非適格合併にはこのような規定がないことから、被合併法人から取得した株式をすぐに譲渡した場合には、短期所有株式等に該当する可能性がある。

さらに、被合併法人の株主が適格合併により交付を受ける合併法人株式にもこのような規定がないことから、適格合併により交付を受けた合併法人株式を配当受領後に速やかに譲渡した場合にも、短期所有株式等に該当する可能性がある。

（注１） きわめて稀なケースであると思われるが、法人税法62条１項において、「譲渡をしたものとして、当該内国法人の各事業年度の所得の金額を計算する」と規定されていることから、被合併法人が株式を取得して、１か月以内に配当を受け取った後に、非適格合併により合併法人に当該株式を譲渡した場合には、短期所有株式等に該当する可能性がある。なお、適格合併の場合には、法人税法62条の２第１項

において、「引継ぎをしたものとして、当該内国法人の各事業年度の所得の金額を計算する」と規定されていることから、上記のような問題は生じない。

（注2）　非適格合併により被合併法人の株主において発生するみなし配当については、合併の日以前1か月以内に取得し、かつ、合併の日後2か月以内に譲渡したとしても、短期所有株式等に該当しない。

3　適格分割、適格現物出資及び適格現物分配の特例

法人税法施行令20条4項では、適格分割、適格現物出資又は適格現物分配により分割承継法人、被現物出資法人又は被現物分配法人が取得をした株式について、適格合併と同様の特例が定められている。ただし、適格合併と異なり、分割法人、現物出資法人又は現物分配法人が存続することから、同条3項において、分割法人、現物出資法人又は現物分配法人における短期所有株式等の判定上、分割承継法人、被現物出資法人又は被現物分配法人の短期所有株式等の判定に含まれた株式を控除して計算することが規定されている。

＜分割承継法人、被現物出資法人又は被現物分配法人における短期所有株式等の判定＞

配当等の額に係る基準日等後2か月以内に譲渡をした元本株式等（当該配当等の額の元本である株式等をいい、当該株式等と銘柄を同じくする株式等を含む）の数に、①に掲げる数のうちに②に掲げる数の占める割合を乗じて計算した数に相当する元本株式等

①　当該基準日等において有する元本株式等の数と当該基準日等後2か月以内に取得（適格分割型分割による分割法人からの引継ぎを含む）をした元本株式等の数を合計した数

②　当該基準日等において有する元本株式等の数に、(イ)に掲げる数のうちに(ロ)に掲げる数の占める割合を乗じて計算した元本株式等の数

(イ)　当該基準日等から起算して１か月前の日において有する元本株式等の数（基準日等前適格分割等（当該１か月前の日の翌日から当該基準日等までの期間内に行われた当該内国法人を分割承継法人、被現物出資法人又は被現物分配法人とする適格分割、適格現物出資又は適格現物分配をいう）に係る分割法人、現物出資法人又は現物分配法人（以下この号において「分割法人等」という）が当該１か月前の日において有する元本株式等の数に当該分割法人等が当該基準日等前適格分割等の直前に有する元本株式等の数のうちに当該基準日等前適格分割等により当該内国法人に移転する元本株式等の数の占める割合を乗じて計算した数を加算した数）と当該基準日等以前１か月以内に取得をした元本株式等の数（当該基準日等前適格分割等に係る分割法人等が当該１か月前の日の翌日から当該基準日等前適格分割等の日の前日までの期間内に取得をした元本株式等の数に当該割合を乗じて計算した数を加算した数。(ロ)において同じ）とを合計した数

(ロ)　当該基準日等以前１か月以内に取得をした元本株式等の数

＜分割法人、現物出資法人又は現物分配法人における短期所有株式等の判定＞

配当等の額に係る基準日等後２か月以内に譲渡をした元本株式等（当該配当等の額の元本である株式等をいい、当該株式等と銘柄を同じくする株式等を含む）の数に、①に掲げる数のうちに②に掲げる数の占める割合を乗じて計算した数に相当する元本株式等

①　当該基準日等において有する元本株式等の数と当該基準日等後２か月以内に取得をした元本株式等の数を合計した数

② 当該基準日等において有する元本株式等の数に、(イ)に掲げる数のうちに(ロ)に掲げる数の占める割合を乗じて計算した元本株式等の数

(イ) 当該基準日等から起算して１か月前の日において有する元本株式等の数（当該元本株式等の数に基準日等前適格分割等（当該１か月前の日の翌日から当該基準日等までの期間内に行われた当該内国法人を分割法人、現物出資法人又は現物分配法人とする適格分割、適格現物出資又は適格現物分配をいう）の直前に有する元本株式等の数のうちに当該基準日等前適格分割等により分割承継法人、被現物出資法人又は被現物分配法人に移転する元本株式等の数の占める割合を乗じて計算した数を控除した数）と当該基準日等以前１か月以内に取得をした元本株式等の数（当該１か月前の日の翌日から当該基準日等前適格分割等の日の前日までの期間内に取得をした元本株式等の数に当該割合を乗じて計算した数を控除した数。(ロ)において同じ）とを合計した数

(ロ) 当該基準日等以前１か月以内に取得をした元本株式等の数

ただし、非適格分割、非適格現物出資及び非適格現物分配にはこのような規定がない。そして、適格分割型分割により、分割法人の株主が交付を受ける分割承継法人株式にもこのような規定がない。そのほか、適格分社型分割又は適格現物出資により、分割法人又は現物出資法人が交付を受ける分割承継法人株式及び被現物出資法人株式にもこのような規定がない。そのため、これらの株式の交付を受け、配当を受領した後に速やかに譲渡した場合にも、短期所有株式等に該当する可能性がある。

（注１） きわめて稀なケースであると思われるが、法人税法62条１項において、「譲渡をしたものとして、当該内国法人の各事業年度の所得の金額を計算する」と規定されていることから、分割法人が株式を取得して、１か月以内に配当を受け取った後に、非適格分割型分割によ

り分割承継法人に当該株式を譲渡した場合には、短期所有株式等に該当する可能性がある。なお、適格分割型分割の場合には、法人税法62条の2第1項において、「引継ぎをしたものとして、当該内国法人の各事業年度の所得の金額を計算する」と規定されていることから、上記のような問題は生じない。

そして、適格分社型分割、適格現物出資及び適格現物分配の場合にも、法人税法施行令20条1項において、「適格分社型分割、適格現物出資又は適格現物分配による分割承継法人、被現物出資法人又は被現物分配法人への移転」が「譲渡」から除外されており、同条4項において、「適格分社型分割、適格現物出資又は適格現物分配による分割法人等からの移転」が「取得」から除外されていることから、上記のような問題は生じない。

（注2） 非適格分割型分割により分割法人の株主において発生するみなし配当については、分割の日以前1か月以内に取得し、かつ、分割の日後2か月以内に譲渡したとしても、短期所有株式等に該当しない。

4 株式交換等・移転

株式交換等・移転により株式を取得した場合の特例は定められていない。そのため、株式交換等・移転により株式を取得し、配当を受領した後に速やかに譲渡した場合にも、短期所有株式等に該当する可能性があるため、留意が必要である。

Ⅲ　自己株式取得予定株式等

第１章で解説したように、P社がA社の発行済株式総数の100分の10に相当する数の株式を買い取った後に、速やかにA社株式を自己株式として買い取らせた場合における税務上の仕訳は、以下のとおりとなる。なお､P社におけるA社株式の帳簿価額は２億円、当該A社株式に対する買取価額は２億円、A社の資本金等の額は5,000万円であるとする。

【税務上の仕訳】

(借)	現 金 預 金	1億6,019万円	(貸)	みなし配当	1億9,500万円
	未収源泉税	3,981万円		A 社 株 式	2億円
	株式譲渡損	1億9,500万円			

このように、一方でみなし配当が計上されることにより、受取配当等の益金不算入が適用され、一方で株式譲渡損失が計上されることにより、損金の額が増加するのであれば、これら一連の取引により、課税所得の圧縮が可能になるという問題がある。そのため、平成22年度税制改正により、自己株式の買取りにより、みなし配当が発生することが予定されているような株式を取得した場合には、「自己株式取得予定株式等」として、受取配当等の益金不算入が適用されないことになった（法法23③)。

なお、この場合における「取得」には、単なる相対取引による株式の取得だけでなく、合併、分割型分割、現物分配、株式交換又は株式移転により、被合併法人等の株主が合併法人等の株式を取得する場合も含まれる。さらに、法人税法施行令21条1号では、適格合併、適格分割又は適格現物出資により、被合併法人、分割法人又は現物出資法人から移転を受けた株式のうち、被合併法人等が株式を取得した時点において自己株式の買取りが予定されていたものも含まれることが明らかにされている。逆にいえば、合併法人等が適格合併等により株式を取得した時点において自己株式の買取りが予定されていたものであっても、被合併法人等が株式を取得した時点において予定されていたものでなければ、受取配当等の益金不算入を適用することができる。

これに対し、非適格合併、非適格分割又は非適格現物出資により、被合併法人、分割法人又は現物出資法人から移転を受けた株式については、同条2号が適用されるため、合併法人等が非適格合併等により株式を取得した時点において、自己株式の買取りが予定されていたときは、受取配当等の益金不算入を適用することができない。

(注) 上記のみなし配当について、受取配当等の益金不算入を適用することができないという特例は、グループ法人税制が適用され、株式譲渡損益の損金不算入又は益金不算入（法法61の2⑰）の適用を受ける場合を除くこととされている（法法23③）。すなわち、他の内国法人の発行済株式の全部を取得し、その後、自己株式を買い取らせた場合には、みなし配当に対しては、受取配当等の益金不算入を適用することができるが、株式譲渡損を損金の額に算入することができないことから、受取配当等の益金不算入が適用できたとしても、法人税の負担を軽減することができない。

Ⅳ　完全子法人株式等

1　概　　要

前述のように、完全子法人株式等に該当した場合には、控除負債利子の計算を行わず、受取配当金の全額について、受取配当等の益金不算入を適用することができる。

法人税法23条5項及び同法施行令22条の2第1項では、計算期間の初日から当該計算期間の末日まで継続して、配当を支払う他の内国法人との間に完全支配関係があった場合の当該他の内国法人の株式等を完全子法人株式等の定義として規定している。なお、「完全支配関係」と規定されていることから、P社がA社の発行済株式の全部を保有しており、P社がB社の発行済株式総数の100分の70、A社がB社の発行済株式総数の100分の30を保有している場合において、B社からA社に対して行った配当についても、完全子法人株式等に該当させることができる。

そして、計算期間については、同条2項において、前回の配当に係る基準日の翌日から今回の配当に係る基準日までの期間であるとしながらも、以下の場合においては、「前回の配当に係る基準日の翌日」を以下のように読み替えている。

① 当該翌日が今回の配当に係る基準日から起算して1年前の日以前の日である場合又は当該1年前の日以前に設立された他の内国法人からその設立の日以後最初に支払われる配当である場合（③

に掲げる場合を除く）……当該１年前の日の翌日

② 今回の配当に係る基準日以前１年以内に設立された他の内国法人からその設立の日以後最初に支払われる配当等の額である場合（③に掲げる場合を除く）……当該設立の日

③ その配当の元本である株式等を発行した他の内国法人から基準日以前１年以内に取得したその元本である株式等につきその取得の日以後最初に支払われる配当である場合（募集株式の発行等により株式を取得した者を想定した規定である）……当該取得の日

ただし、みなし配当の場合には、その効力発生日の前日において完全支配関係があれば、完全子法人株式等に該当するため、上記の計算期間を考慮する必要はない。

なお、ストラクチャーの構築では、完全子法人株式等又は関連法人株式等に該当させることにより、受取配当等の益金不算入の適用を受けることを目指すことが多い。そして、上記①にあるように、完全支配関係が成立してから１年以上を経過させてから配当をすれば、完全子法人株式等に該当させることができる。

さらに、前述のように、前回の配当から１年が経過していない場合には、前回の配当に係る基準日の翌日から今回の配当に係る基準日まで完全支配関係が継続している必要がある。そのため、株式を取得してから、100円の配当をさせた後に、１億円の配当をさせた場合には、100円の配当については完全子法人株式等に該当しないものの、１億円の配当については完全子法人株式等に該当させることができる。

上記のうち、前者の手法が租税回避に該当するかどうかについては、租税回避に該当しないとする考え方が多いと思われる。これに対し、後者の手法が租税回避に該当するかどうかは議論が分かれるという印象を受ける。しかし、前者の手法を採用することは、１年間も待たなければならないという問題がある。そのため、みなし配当に該当させるために、剰余金を配当させるのではなく、自己株式として買い取らせるという手法を選択することがある。

2 株式交換等

株式交換又はスクイーズアウトにより、株式交換等完全親法人が取得した株式交換等完全子法人株式に対しては、完全子法人株式等の特例が定められていない。そのため、株式交換又はスクイーズアウトにより株式交換等完全子法人株式を取得した後に、株式交換等完全子法人から配当をさせた場合には、一部の金額に対して、受取配当等の益金不算入が適用できなくなるという問題がある。

これに対し、株式交換により、株式交換完全子法人の株主が取得した株式交換完全親法人株式は、「その配当の元本である株式等を発行した他の内国法人から基準日以前1年以内に取得したその元本である株式等につきその取得の日以後最初に支払われる配当である場合」に該当することから、株式交換により株式交換完全親法人株式を取得してから1年以内に配当をしたとしても、完全子法人株式等の特例を適用することができる。

しかし、株式交換完全子法人の株主と株式交換完全親法人との間に完全支配関係が成立することは稀であるため、実務上、完全子法人株式等に該当する事案は少ないと思われる。

3 株式移転

株式交換と同様に、株式移転を行った後に、株式移転完全子法人から株式移転完全親法人に対して配当を行った場合には、一部の金額に対して、受取配当等の益金不算入が適用できなくなるという問題がある。

しかしながら、株式移転前に株式移転完全子法人とその株主との間に当該株主による完全支配関係がある場合において、計算期間の中途において株式移転を行ったときは、当該計算期間の初日から株式移転の日まで継続して当該完全支配関係があり、かつ、同日から当該計算期間の末日まで継続して、株主、株式移転完全親法人及び株式移転完全子法人との間に、当該株主による完全支配関係が継続すれば、完全子法人株式等に該当させることができるという特例が認められている（法令22の2①かっこ書）。

そのため、図表2－2のような事案では、株式移転を行った後に、すぐに配当をしたとしても、株式移転完全親法人が取得した株式移転完全子法人株式を完全子法人株式等に該当させることが可能になる。

■図表2－2　単独株式移転後の剰余金の配当

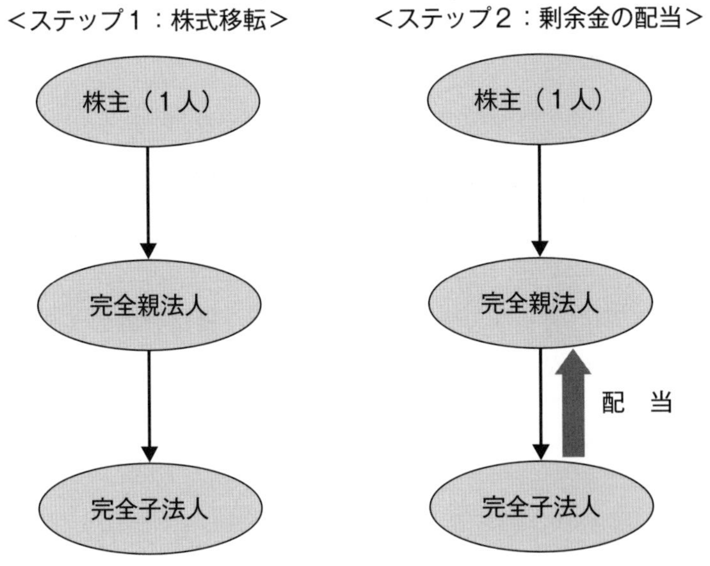

4　合　併

法人税法施行令22条の2第3項では、適格合併により被合併法人から当該被合併法人との間に完全支配関係がある他の内国法人の株式等の移転を受けた場合において、当該適格合併が配当に係る計算期間の末日の翌日から当該配当の支払いに係る効力が生ずる日までの間に行われたものであるときは、当該被合併法人と当該他の内国法人との間に完全支配関係があった期間は、合併法人と当該他の内国法人との間に完全支配関係があったものとみなすことが明らかにされている。

そのため、被合併法人が保有する完全子法人株式等を適格合併で引き継いだ場合には、合併法人において完全子法人株式等とみなすことが可能になる。

これに対し、非適格合併の場合には、上記のような特例は認められていない。

5　分割、現物出資又は現物分配

分割、現物出資及び現物分配の場合には、適格合併のような特例は認められていない。

Ⅴ　関連法人株式等

1　概　　要

前述のように、関連法人株式等に該当した場合には、控除負債利子の計算を行った後の金額に対して、受取配当等の益金不算入を適用することができる。持株会社やファンドのように、総資産に占める株式の割合が大きい場合はともかくとして、一般的には、控除負債利子の金額はそれほど大きくはなく、令和２年度税制改正が施行された後も、関連法人株式等に係る配当等の額の100分の４相当額（その事業年度において支払う負債利子の額の10分の１相当額を上限とする）のみが控除負債利子の金額になるため（法令19①・②）、実務上、完全子法人株式等に該当しなくても、関連法人株式等に該当させることができればさほど不都合がないことが多い。

法人税法23条４項及び同法施行令22条１項では、他の内国法人の発行済株式又は出資の総数又は総額（自己株式又は出資を除く）の３分の１を超える数又は金額の当該他の内国法人の株式等を、当該内国法人が当該他の内国法人から受ける配当に係る計算期間の初日から当該計算期間の末日まで引き続き有している場合における当該他の内国法人の株式等を関連法人株式等の定義として規定している。

そして、計算期間については、前回の配当に係る基準日の翌日から今回の配当に係る基準日までの期間としながらも、以下の場合においては、「前回の配当に係る基準日の翌日」を以下のように読み替えている。

① 当該翌日が今回の配当に係る基準日から起算して6か月前の日以前の日である場合又は6か月前の日以前に設立された他の内国法人からその設立の日以後最初に支払われる配当等の額である場合（③に掲げる場合を除く）……当該6か月前の日の翌日

② 今回の配当に係る基準日以前6か月以内に設立された他の内国法人からその設立の日以後最初に支払われる配当等の額である場合（③に掲げる場合を除く）……当該設立の日

③ その配当の元本である株式等を発行した他の内国法人から今回の配当に係る基準日以前6か月以内に取得したその元本である株式等につきその取得の日以後最初に支払われる配当等の額である場合（募集株式の発行等により株式を取得した者を想定した規定である）……当該取得の日

このように、発行済株式総数の3分の1を超える数の株式を6か月以上保有していれば、関連法人株式等に該当する。なお、関連法人株式等に該当するかどうかは、完全支配関係がある他の法人が有している株式を含めて判定するという点に留意が必要である。

さらに、完全子法人株式等と異なり、みなし配当の特例が定められていない。そのため、発行済株式総数の3分の1を超える数の株式を取得してから6か月以内に自己株式として買い取らせた場合には、関連法人株式等に該当しない。

2 合併、分割、現物出資又は現物分配

法人税法施行令22条3項では、適格合併、適格分割、適格現物出資又は適格現物分配により、被合併法人、分割法人、現物出資法

人又は現物分配法人から他の内国法人の発行済株式等の総数又は総額の3分の1を超える数又は金額の株式等の移転を受けた場合には、これらの法人が当該株式等を有していた期間は、合併法人、分割承継法人、被現物出資法人又は被現物分配法人が当該株式等を有していた期間とみなすことが明らかにされている。

これに対し、被合併法人の株主が合併により交付を受けた合併法人株式、分割法人の株主が分割型分割により交付を受けた分割承継法人株式、分割法人又は現物出資法人が分社型分割又は現物出資により交付を受けた分割承継法人株式又は被現物出資法人株式に対しては特例が定められていないが、「その配当の元本である株式等を発行した他の内国法人から今回の配当に係る基準日以前6か月以内に取得したその元本である株式等につきその取得の日以後最初に支払われる配当等の額である場合」に該当することから、6か月を経過していなくても、関連法人株式等に該当させることができる(注)。これは、適格組織再編成に該当する場合であっても、非適格組織再編成に該当する場合であっても同様である。

(注) 分割型分割の場合には、分割法人の株主は、分割承継法人から分割承継法人株式の交付を受けるのではなく、分割法人から交付を受けることから、6か月を経過していない場合には、関連法人株式等に該当しないという解釈も可能である。

3 株式交換等又は株式移転

株式交換等及び株式移転に対しては何ら特例が定められていない。そして、完全子法人株式等と異なり、株式移転前に株式移転完全子法人とその株主との間に当該株主による完全支配関係がある場合の特例も定められていない。そのため、株式交換等又は株式移転から6か月以内に、株式交換等完全子法人又は株式移転完全子法人から株式交換等完全親法人又は株式移転完全親法人に対して配当をした場合には、関連子法人株式等には該当しない。

これに対し、株式交換等完全子法人の株主又は株式移転完全子法人の株主が交付を受けた株式交換等完全親法人株式又は株式移転完全親法人株式は、「その配当の元本である株式等を発行した他の内国法人から今回の配当に係る基準日以前6か月以内に取得したその元本である株式等につきその取得の日以後最初に支払われる配当等の額である場合」に該当することから、6か月を経過していなくても、関連法人株式等に該当させることができる。

Ⅵ　M&Aとみなし配当

1　M&Aの手法

M&Aとは「mergers and acquisitions」の略であり、一般的には企業の「合併及び買収」を意味する。M&Aの手法にはさまざまな手法があるが、大きく分けて、①株式を譲渡する手法と②事業を譲渡する手法の2つに分けられる。

このうち、①株式を譲渡する手法として、株式譲渡、株式交換及び株式移転が挙げられるが、売り手が現金を取得したいことが多いことから、株式譲渡による手法が一般的である。そして、②事業を譲渡する手法として、事業譲渡、会社分割及び吸収合併が挙げられるが、売り手が現金を取得したいことが多いことから、事業譲渡及び会社分割が一般的である。

そして、前述のように、受取配当等の益金不算入のメリットが大きいことから、内国法人が株主である場合には、受取配当等の益金不算入が適用できるかどうかを検討することが多い。そのため、M&Aの事案では、株式譲渡方式ではなく、事業譲渡方式又は会社分割方式を検討することがある。

まず、株式譲渡方式とは、被買収会社の株式を譲渡する手法であり、最も単純な買収手法である。この手法を用いた場合には、被買収会社の株主が譲渡代金を取得することから、被買収会社の株主に株式譲渡損益が生じることになる。

■図表２－３　株式譲渡方式

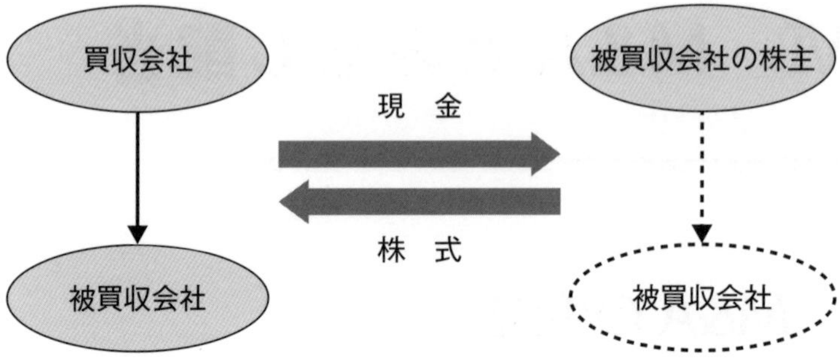

そして、事業譲渡方式とは、被買収会社の事業を買収会社が譲り受け、対価として現金その他の資産を交付する手法をいう。この手法を用いた場合には、被買収会社（事業譲渡法人）において、事業譲渡損益が生じることになる。

さらに、この手法は、被買収会社の株主ではなく、被買収会社に事業譲渡代金が入金されるため、被買収会社の株主が事業譲渡代金を受け取るためには、被買収会社から剰余金の配当を行ったり、清算により清算分配金を交付したりする必要がある。この場合には、当該被買収会社の株主において、配当金としての課税が生じることになる。

なお、事業譲渡法人が保有する不動産が事業譲受法人に移転することから、不動産取得税及び登録免許税の負担が発生する。

そのほか、消費税の課税対象取引に該当することから、事業譲受法人での仕入税額控除の適用はあるものの、当該仕入税額控除を十分に適用することができない場合には、消費税の負担についても検討が必要になる。

■図表２－４　事業譲渡方式

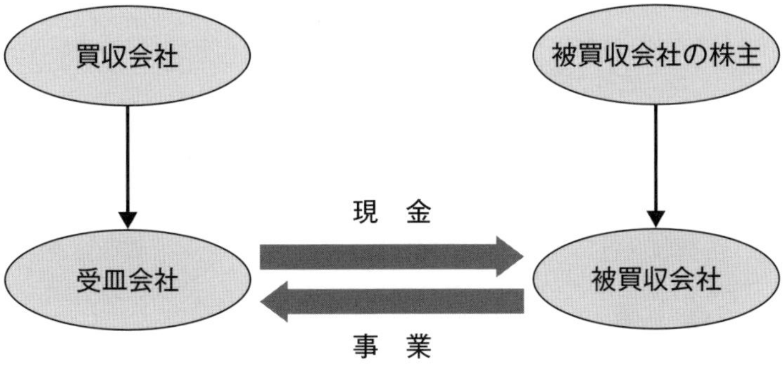

最後に、会社分割方式とは、株式会社又は合同会社がその事業に関して有する権利義務の全部又は一部を他の会社（又は新設会社）に承継させることをいう（会社法２二十九・三十）。すなわち、事業譲渡方式と異なり、分割法人の事業を分割承継法人に包括承継させる手法であるといえる。

また、会社分割方式には、分割承継法人から分割法人に対して、①現金預金を交付する方法（以下、本章において「会社分割方式（現金交付型）」という）と、②分割承継法人株式を交付する方法（以下、本章において「会社分割方式（株式交付型）」という）が考えられる。このうち、会社分割方式（現金交付型）により買収する場合には、被買収会社（分割法人）の事業を買収会社（分割承継法人）に移転し、対価として現金預金が交付されることから、事業譲渡方式と大きくは変わらない。そして、法人税法上も、金銭等不交付要件を満たさないため、非適格分社型分割に該当する（法法２十二の十一）。

これに対し、会社分割方式（株式交付型）により買収する場合には、被買収会社（分割法人）が会社分割により新会社（分割承継法人）に事業を移転した後に、当該新会社の株式を買収会社に譲渡することになる。なお、法人税法上は、分割法人と分割承継法人との間の支配関係の継続が見込まれていないため、非適格分社型分割に該当する（法令4の3⑥・⑦）。

■図表2－5　会社分割方式（株式交付型）

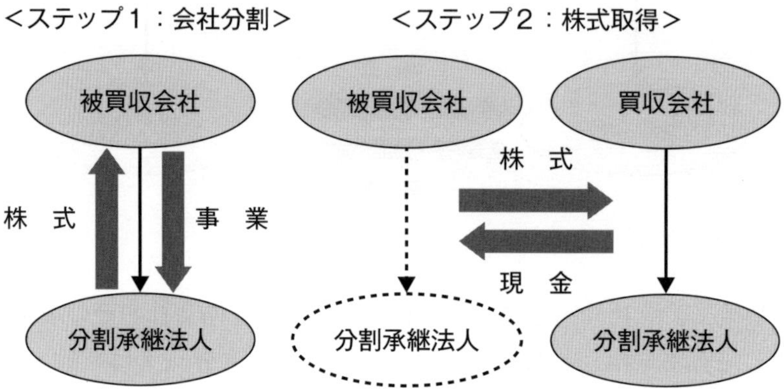

このように、事業譲渡方式と会社分割方式における法人税法上の取扱いは変わらないが、会社分割方式では消費税の課税対象外取引とされているという点と不動産取得税の非課税要件が定められているという点で異なる。なお、会社分割方式における不動産取得税の非課税要件は、以下のとおりである（地法73の7二、地令37の14)。

①　金銭等不交付要件
②　主要資産等引継要件
③　従業者引継要件
④　事業継続要件
⑤　按分型要件（分割型分割の場合のみ）

2　株式譲渡方式と事業譲渡方式の比較

ここでは、最も単純なM&Aの目的である「他の法人を買収し、完全子会社にする」場合について解説を行う。そして、前述のように、事業譲渡方式と会社分割方式における法人税法上の取扱いは変わらないことから、ここでは、株式譲渡方式と事業譲渡方式について比較検討する。なお、事業譲渡方式を採用する場合には、被買収会社の株主ではなく、被買収会社に事業譲渡代金が入金されるため、被買収会社の株主が事業譲渡代金を受け取るために、事業譲渡後に、被買収会社を解散させ、清算分配金を交付することを前提にしている。

＜前提条件＞

被買収会社の貸借対照表　（単位：百万円）

	税務簿価	時価		税務簿価	時価
資　産	110億円	110億円	負　債	80億円	80億円
資産調整勘定	0	60億円	純資産(注)	30億円	90億円
合　計	110億円	170億円	合　計	110億円	170億円

（注）純資産の内訳

	税務簿価	時　価
資本金	5,000万円	5,000万円
資本準備金	5,000万円	5,000万円
利益剰余金	29億円	89億円
純資産	30億円	90億円

・被買収会社の株主は法人株主1社である（日本の内国法人）。

・被買収会社の株主が保有する被買収会社株式の帳簿価額は1億円である。

・被買収会社株式の譲渡価額は90億円である。

・被買収会社の株主は、被買収会社の発行済株式のすべてを保有しているため、控除負債利子の計算を行わず、受取配当金の全額について、受取配当等の益金不算入を適用することができる（法法23①・⑤）。

＜法人税、住民税及び事業税の課税関係＞

まず、被買収会社、被買収会社の株主及び買収会社で発生する法人税、住民税及び事業税の課税関係を検討する。

① 被買収会社側の税負担

	株式譲渡方式	事業譲渡方式
被買収会社	株主が変わるだけなので、課税関係は発生しない。	事業譲渡益が60億円発生する。 ➡実効税率が30%なので、税負担は以下のとおり。 60億円×30% ＝18億円の課税
被買収会社の株主	株式譲渡益について課税される。 ➡実効税率が30%なので、税負担は以下のとおり。 (譲渡価額－譲渡原価)×30%＝(90億円－1億円)×30% ＝26億7,000万円	受取配当等の益金不算入により課税されない。
合計	税負担26億7,000万円	税負担　18億円

② 買収会社側の税負担

	株式譲渡方式	事業譲渡方式
買収会社	単なる株式の取得なので、課税関係は発生しない。	
事業譲受法人		資産調整勘定60億円を認識したことにより、将来の課税負担が圧縮される。 ➡実効税率が30%なので、税負担の軽減は以下のとおり。 60億円×30% ＝18億円の税負担の軽減
合計	税負担　0円	税負担　△18億円

③ 合　　計

	株式譲渡方式	事業譲渡方式	有利不利判定
被買収会社側	26億7,000万円	18億円	事業譲渡方式が有利
買収会社側	0円	△18億円	事業譲渡方式が有利
合計	26億7,000万円	0円	事業譲渡方式が有利

このように、法人税、住民税及び事業税の課税関係だけを比較すると、事業譲渡方式のほうが有利な結果となった。しかし、実務上は、不動産取得税、登録免許税及び消費税等の流通税を含めた総合的な判定が必要になるため、留意されたい。

（注） このような株式譲渡益課税を逃れ、受取配当等の益金不算入を適用するスキームについては、受取配当等の益金不算入が二重課税の排除を目的とした規定であることから、その制度趣旨の範囲内で行

われているものであれば、租税回避には該当しないと考えられる。

3　株式譲渡前に多額の配当を行う手法

(1)　株式譲渡方式と配当後株式譲渡方式との比較

法人税法上、被買収会社の株主が内国法人である場合において、事業譲渡方式及び会社分割方式が株式譲渡方式よりも有利である理由は、被買収会社の株主において発生する株式譲渡益をみなし配当へ振り替えることができるからである。

そのため、類似の効果を出すために、株式譲渡前に、被買収会社が分配可能額の全額を配当することで株式譲渡益を圧縮し、受取配当金へ振り替えるという手法も一般的に行われている。

前述の前提条件において、株式譲渡方式と分配可能額の全額（29億円）の配当を行った場合の税務上の影響額を比較すると、以下のようになる。

<法人税、住民税及び事業税の課税関係>

①　被買収会社側の税負担

	株式譲渡方式（配当なし）	株式譲渡方式（配当あり）
被買収会社	株主が変わるだけなので、課税関係は発生しない。	同左

被買収会社の株主	株式譲渡益に対して課税される。 ➡実効税率が30％なので、税負担は以下のとおり。 （譲渡価額－譲渡原価） ×30% ＝（90億円－1億円） ×30% ＝26億7,000万円	左記のうち、29億円について、受取配当等の益金不算入の適用を受ける。したがって、税負担は以下のとおり。 （譲渡価額－譲渡原価） ×30% ＝（90億円－29億円－1億円）×30％ ＝18億円
合計	税負担 26億7,000万円	税負担　18億円

②　買収会社側の税負担

	株式譲渡方式（配当なし）	株式譲渡方式（配当あり）
買収会社	単なる株式の取得なので、課税関係は発生しない。	同左
合計	税負担　0円	税負担　0円

③　合　　計

	配当なし	配当あり	有利不利判定
被買収会社側	26億7,000万円	18億円	配当をしたほうが有利
買収会社側	0円	0円	有利不利なし
合計	26億7,000万円	18億円	配当をしたほうが有利

＜総　括＞

このように、株式を譲渡する前にその他利益剰余金の配当をさせたほうが、法人税、住民税及び事業税の負担が少ないということがいえる。

（注） 令和２年度税制改正により、特定関係子法人から受ける配当等の額が株式等の帳簿価額の10％相当額を超える場合には、その対象配当金額のうち益金不算入相当額をその株式等の帳簿価額から引き下げることとされたが、後述Ⅸで解説するように、内国普通法人である特定関係子法人の設立の日から特定支配関係発生日までの間において、その発行済株式総数の90％以上を内国普通法人、協同組合又は居住者が有する場合は、本措置の対象から除外されている。

⑵ 配当後株式譲渡方式と事業譲渡方式との比較

上記のとおり、同じ株式譲渡方式であっても、事前に配当を行うことにより課税所得を圧縮することができる。

ここではさらに、被買収会社に配当を行わせてから株式を譲渡する方式と、事業譲渡方式を比較する。

＜法人税、住民税及び事業税の課税関係＞

① 被買収会社側の税負担

	株式譲渡方式	事業譲渡方式
被買収会社	株主が変わるだけなので、課税関係は発生しない。	事業譲渡益が60億円発生する。 ➡実効税率が30％なので、税負担は以下のとおり。 60億円×30％ ＝18億円の課税

被買収会社の株主	株式譲渡益に対して課税される。 ➡実効税率が30％なので、税負担は以下のとおり。 （譲渡価額－譲渡原価）×30％ ＝（90億円－29億円－1億円）×30％ ＝18億円	受取配当等の益金不算入により課税されない。
合計	税負担　18億円	税負担　18億円

② 買収会社側の税負担

	株式譲渡方式	事業譲渡方式
買収会社	単なる株式の取得なので、課税関係は発生しない。	
事業譲受法人		資産調整勘定60億円を認識したことにより、将来の課税負担が圧縮される。 ➡実効税率が30％なので、税負担の軽減は以下のとおり。 60億円×30％ ＝18億円の税負担の軽減
合計	税負担　0円	税負担　△18億円

③ 合　　計

	株式譲渡方式	事業譲渡方式	有利不利判定
被買収会社側	18億円	18億円	有利不利なし
買収会社側	0円	△18億円	事業譲渡方式が有利
合　計	18億円	0円	事業譲渡方式が有利

＜結　論＞

このように、いずれの方式であっても、被買収会社側において、有利不利が生じなかった理由は、被買収会社側で資産調整勘定の含み益があるということは、被買収会社の株主が保有している被買収会社株式に含み益があることを意味するからである。そのため、株式譲渡方式であったとしても、事業譲渡方式であったとしても、被買収会社側では、株式譲渡益として課税されるのか、事業譲渡益として課税されるのかの違いに過ぎず、株式譲渡益に対して、通常の法人税が課されてしまう我が国の租税法においては、いずれの方式を採用しても、被買収会社側の税負担は変わらないという結論になる。

これに対し、事業譲渡方式の場合には、被買収会社で資産調整勘定の含み益に対して課税されても、事業譲受法人で取り戻すことができるため、時間的価値を無視した場合には、被買収会社における税負担と事業譲受法人における節税メリットは等しくなる。これに対し、株式譲渡方式の場合には、未実現利益に相当する金額を配当することができないことから（18億円＝60億円×30％）、被買収会社側と買収会社側での合計において税負担18億円が発生することになる。

このように、税務上の観点からは、事業譲渡方式を採用した場合における登録免許税、住民税均等割、事業税資本割その他のコストを見積もり、その金額が18億円を下回っていれば、事業譲渡方式を採用したほうが有利であると考えられる。

Ⅶ　支配株主からの株式の買取りとみなし配当

前述のように、被買収会社の株主が内国法人である場合には、株式譲渡益ではなく、みなし配当として認識したほうが、当該内国法人の税負担は軽減される。みなし配当として認識する方法としては、事業譲渡や会社分割を行った後に清算するという方法もあるが、自己株式の取得による方法であっても同様の効果が期待できる。

具体的には、被買収会社が自己株式を買い取った上で、第三者割当増資により、買収会社に割り当てる方法である。自己株式を取得した場合には、株式を譲渡した者において、みなし配当が発生するからである。

そして、みなし配当の金額は、株式譲渡損益の計算上、譲渡収入の金額から控除される（措法37の10③、法法61の2①）。すなわち、単純に株式を譲渡した場合には、株式譲渡益として認識されるのに対し、自己株式として買い取らせた場合には、株式譲渡益の一部がみなし配当へ振り替えられる。なお、第三者割当増資を行った後に自己株式の買取りを行った場合には、1株当たりの資本金等の額が変わるため、みなし配当の金額も変わるという点に留意が必要である。

■図表２－６　自己株式の買取り

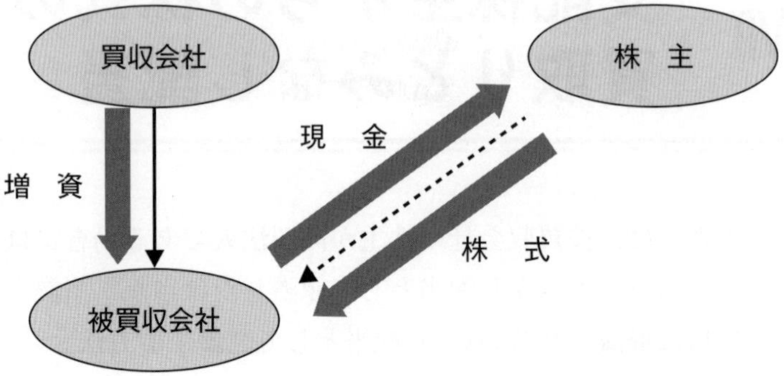

しかしながら、事業譲渡や会社分割を行った後に清算するという方法に比べて、発行法人が自己株式を有償で取得する方法は、会社法上、分配可能額の範囲内で行わなければならないため（会社法461)、被買収会社のすべての株式を取得することには限界がある。

そのため、この手法は、被買収会社の少数株主を残した上で、大株主からのみ株式を購入する場合に利用されている。

Ⅷ 少数株主からの株式の買取りとみなし配当

前述のように、株式を譲渡するのではなく、自己株式として買い取らせることにより、株式譲渡益の一部をみなし配当に付け替えることができる。これは、支配株主からではなく、少数株主から株式を買い取る場合であっても同様である。

このうち、個人株主から買い取る場合には、株式譲渡益は譲渡所得として課税され、みなし配当は配当所得として課税される。譲渡所得は分離課税の適用を受けるのに対し、配当所得は配当控除の適用を受けることができるものの、総合課税の適用を受けるため、それぞれの税額が異なってくる。いずれが有利なのかは、それぞれの株主における所得の状況によって異なる。

これに対し、法人株主から買い取る場合には、支配株主ではないことから、みなし配当のうち一部の金額のみが受取配当等の益金不算入の適用を受けることができる。そのため、全額が益金不算入になるというわけではないが、それでも、株式譲渡益として課税されるよりは有利な結果になる。

このように、少数株主が個人である場合には、それぞれの株主の所得金額によって異なるが、少なくとも法人である場合には、自己株式の買取りのほうが有利であると考えられる。

IX　特定関係子法人から受けた配当等の額に係る特例

1　基本的な取扱い

内国法人が特定関係子法人から受ける配当等の額（以下、「対象配当等の額」という）及び同一事業年度内配当等の額の合計額が基準時の直前における当該特定関係子法人の株式又は出資の帳簿価額の100分の10に相当する金額を超える場合には、当該対象配当等の額及び同一事業年度内配当等の額のうち、受取配当等の益金不算入（法法23①）、外国子会社から受ける配当等の額の益金不算入（法法23の2①）又は適格現物分配による益金不算入（法法62の5④）の規定により益金の額に算入されない金額に相当する金額を当該基準時の直前における特定関係子法人の株式又は出資の帳簿価額から減算する必要がある（法令119の3⑩、119の4①）。これは、みなし配当（法法24）に該当したことにより、受取配当等の益金不算入又は外国子会社から受ける配当等の額の益金不算入が適用される場合であっても同様である。このように、本規定の適用により、株式の帳簿価額の引下げを通じて、株式譲渡益が引き上げられることから、受取配当等と株式譲渡損の両建てによる租税回避を防止するための規定であるということがいえる。

しかし、内国普通法人である特定関係子法人の設立の時から特定支配日までの期間を通じて、その発行済株式又は出資の総数又は総額のうち100分の90以上の数又は金額の株式又は出資を内国普通法人若しくは協同組合等又は居住者が有している場合（以下、「内国株主割合要件」という）には、この制度の対象から除外されている（法令119の3⑩一）。その結果、外国法人、非居住者又は公益法人等が株主等になったことがない場合には、この制度は適用されない。さらに、①特定支配日から当該対象配当等の額を受ける日までの期間が10年を超えている場合（法令119の3⑩三、以下、「10年超支配要件」という。）、②特定支配日以後に生じた利益剰余金の額から支払われたものと認められる場合（法令119の3⑩二）、③対象配当等の額及び同一事業年度内配当等の額の合計額が2,000万円を超えない場合（法令119の3⑩四）にも、この制度は適用されない。

そのため、実務上、この制度が適用されない事案のほうが多いと思われる。

（注１）同一事業年度内配当等の額とは、当該対象配当等の額を受ける日の属する事業年度開始の日（同日後に特定支配日が生じた場合には、当該特定支配日）からその受ける直前の時までの間に当該内国法人が当該特定関係子法人から配当等の額を受けた場合（当該配当等の額に係る決議日等において当該内国法人と当該特定関係子法人との間に特定支配関係があった場合に限る）におけるその受けた配当等の額をいう。

（注２）２以上の種類の株式を発行している場合には、すべての種類の株式の帳簿価額の合計額により100分の10に相当する金額を超えるか否かの判定を行い、かつ、すべての種類の株式の帳簿価額から減算することになる（法基通２－３－22（注）、瀧村晴人ほか「国際課税関係の改正」『令和２年度税制改正の解説』476頁（注２））。

（注３）グループ法人税制（法法61の2⑰、２十六、法令８①二十二）の適用により、株式譲渡損益に相当する金額が資本金等の額として取り扱われる場合には、株式譲渡損益が生じないことから、帳簿価額を

引き下げるという本規定は適用されない（法令119の3⑦）。

（注4）内国株主割合要件については、納税者に書類保存要件が課されていることから、立証責任は納税者にあるということがいえる。

2　特定関係子法人

特定関係子法人とは、対象配当等の額に係る決議日等において、当該対象配当等の額を受ける内国法人との間に特定支配関係のある他の法人のことをいう（法令119の3⑩）。そして、特定支配関係とは、以下のうち100分の50を超える数若しくは金額の株式、議決権若しくは出資を保有する関係をいい（法令119の3⑫二、法法2十二の七の五）、当該特定支配関係が生じた日を特定支配日という。

① 発行済株式若しくは出資

② 剰余金の配当、利益の配当若しくは剰余金の分配等に関する決議に係る議決権（法人税法24条1項に掲げる事由に関する決議に係る議決権を含む）

③ 役員の選任に関する決議に係る議決権

3　特定支配日以後に増加した利益剰余金の特例

前述のように、対象配当等の額及び同一事業年度内配当等の額のうち益金の額に算入されない金額に相当する金額を特定関係子法人の株式又は出資の帳簿価額から減算する必要がある。ただし、確定申告書に特定支配後増加利益剰余金額超過額及びその計算に関する明細を記載した書類を添付し、かつ、財務省令で定める書類を保存している場合には、帳簿価額から減算する金額を特定支配後増加利益剰余金額超過額までとする特例が認められている（法令119の3⑪）。

特定支配後増加利益剰余金額超過額とは、特定支配日から当該対象配当等の額を受ける時までの間に特定関係子法人から受ける配当等の額の合計額（当該対象配当等の額を受ける前に特定関係子法人から受けた配当等の額に係る規定の適用を受けた金額を除く）が特定支配後増加利益剰余金額を超える部分の金額に相当する金額をいい、特定支配後増加利益剰余金額とは、①及び②に掲げる金額から③に掲げる金額を減算した金額をいう。

① 前事業年度末の貸借対照表に計上されている利益剰余金の額

② 特定支配日から対象配当等の額に係る決議日等の属する特定関係子法人の事業年度開始の日の前日までの間に当該特定関係子法人の株主等が当該特定関係子法人から受けた配当等の額に対応して減少した当該特定関係子法人の利益剰余金の額の合計額

③ 特定支配日の直前事業年度末の貸借対照表に計上されている利益剰余金の額

なお、令和4年度税制改正により、書類保存要件を満たす場合には、前事業年度終了の日の翌日からその対象配当等の額を受けるまでの期間内に増加した利益剰余金の額を上記①に加算し、特定支配日の直前事業年度終了の日の翌日から特定支配日までの期間内に増加した利益剰余金の額を上記③に加算する特例が設けられた（法令119の3⑩参照）。

4　適格合併、適格分割又は適格現物出資による特定支配日の引継ぎ

対象配当等の額を受ける内国法人が、適格合併、適格分割又は適格現物出資（以下、「適格合併等」という）により当該適格合併等に係る被合併法人、分割法人又は現物出資法人（以下、「被合併法人等」という）から特定関係子法人の株式又は出資の移転を受けた場合において、当該適格合併等の直前に当該被合併法人等と当該特定関係子法人との間に特定支配関係があり、かつ、当該適格合併等の直後に当該内国法人と当該特定関係子法人との間に特定支配関係があるときは、被合併法人等と特定関係子法人との間の特定支配日を引き継ぐこととされている（法令119の3⑬）。

ただし、当該適格合併等の直前に当該内国法人と当該特定関係子法人との間に特定支配関係があった場合において、その特定支配日が当該被合併法人等と当該特定関係子法人との間の特定支配日以前であるときは、上記の規定は適用されない。

5　合併又は分割型分割による調整計算

(1)　関係法人を被合併法人又は分割法人とする合併又は分割型分割を行った場合

特定関係子法人が、対象配当等の額を受ける内国法人との間に特定支配関係がある他の法人（以下、「関係法人」という）を被合併法人又は分割法人とする金銭等不交付合併又は金銭等不交付分割型分割を行った場合には、(イ)当該関係法人の設立の時から当該関係法人に係る特定支配日までの期間を通じて、当該関係法人の発行済株

式又は出資の総数又は総額のうち100分の90以上の数又は金額の株式又は出資を内国普通法人若しくは協同組合等又は居住者が有している場合、(ロ)当該関係法人に係る特定支配日から当該対象配当等の額を受ける日までの期間が10年を超えている場合のいずれかに該当する場合を除き、合併法人又は分割承継法人が内国株主割合要件又は10年超支配要件を満たしたとしても、特定関係子法人から受けた配当等の額に係る規定を適用する必要がある（法令119の3⑭一イ）。

さらに、前述のように、特定支配日以後に増加した利益剰余金の額から支払われた配当等の額については、特定関係子法人から受けた配当等の額に係る規定が適用されないこととされているが（法令119の3⑦二）、合併又は分割型分割に対応して増加した利益剰余金の額のうち関係法人に係る特定支配日前に生じた利益剰余金の額に相当する金額を特定支配日の直前事業年度末の貸借対照表に計上されている利益剰余金の額に加算することにより、特定支配日以後に増加した利益剰余金の額から除外するという規定が設けられている（法令119の3⑭一ロ）。ただし、合併法人又は分割承継法人が内国株主割合要件又は10年超支配要件を満たしている場合には、合併又は分割型分割の日を特定支配日とし、特定支配日の直前事業年度末の貸借対照表に計上されている利益剰余金の額を0円とすることが認められている（法令119の3⑭一ハ）。

(2) 関係法人を分割承継法人とする分割型分割を行った場合

特定関係子法人が関係法人を分割承継法人とする分割型分割を行った場合には、分割型分割に対応して減少した利益剰余金の額のうち特定関係子法人に係る特定支配日前に生じた利益剰余金の額に相当する金額を特定支配日の直前事業年度末の貸借対照表に計上されている利益剰余金の額から減算するという特例が設けられている

(法令119の3⑮一)。

ただし、非適格分割型分割を行った場合には、分割型分割に対応して減少した利益剰余金の額はないものとして取り扱われる(法令119の3⑮二)。

6 関係法人からの配当

関係法人を被合併法人又は分割法人とする合併又は分割型分割を行った場合と同様に、特定関係子法人が関係法人から配当等の額を受けた場合についても特例が設けられている(法令119の3⑭二)。

ただし、上記の特例の適用は、以下の要件を満たす場合に限定されている。

① 当該配当等の額及び当該特定関係子法人が当該配当等の額を受けた日の属する事業年度において当該関係法人から受けた他の配当等の額の合計額が2,000万円を超え、かつ、当該合計額が基準時の直前における当該特定関係子法人の有する当該関係法人の株式又は出資の帳簿価額の100分の10に相当する金額を超えていること。

② 当該特定関係子法人の当該配当等の額を受けた日の属する事業年度の前事業年度の貸借対照表に計上されている総資産の帳簿価額のうちに占める基準時の直前において当該特定関係子法人が有する当該関係法人の株式又は出資の帳簿価額が100分の50を超えていること。

(注1) 合併又は分割型分割の日を特定支配日とする特例と同様に、「当該特定関係子法人が当該関係法人から特定支配日等以後最初に配当等の額を受けた日」を特定支配日とする特例が設けられている。なお、

「特定支配日等」とは、以下のうち最も遅い日をいう。

・特定関係子法人に係る特定支配日

・特定関係子法人から配当等の額を受ける内国法人が(イ)関係法人又は(ロ)関係法人が発行済株式又は出資を直接又は間接に保有する他の関係法人との間に特定支配日が生じた日のうち最も早い日

（注2）「前事業年度の貸借対照表に計上されている総資産の帳簿価額」は会計上の帳簿価額により計算し、「当該特定関係子法人が有する当該関係法人の株式又は出資の帳簿価額」は税務上の帳簿価額により計算することになる（瀧村晴人ほか「国際課税関係の改正」『令和２年度税制改正の解説』491頁（注））。

7　基準時事業年度後に対象配当等の額を受ける場合

対象配当等の額に係る基準時の属する事業年度（以下、「基準時事業年度」という。）終了の日後に対象配当等の額を受ける場合には、その受ける対象配当等の額に基づき当該基準時事業年度に遡って特定関係子法人の株式又は出資の帳簿価額から減算する必要がある。ただし、当該対象配当等の額を受けることが確実であると認められる場合には、その受けることが確実であると認められる対象配当等の額に基づき当該基準時事業年度の確定申告において特定関係子法人の株式又は出資の帳簿価額から減算することも認められている（法基通２－３－22の５）。

第3章
所得税額控除

配当を行った場合には、配当の支払者は源泉所得税を徴収する必要がある。源泉所得税は税金の前払い的な性格を有していることから、配当を受領した者において税額控除を行うことができるが、その全額が控除できるわけではない。

本章では、配当を受領した者が内国法人であることを前提として、その取扱いについて解説を行う。

Ⅰ　概　　要

法人税法40条では、内国法人が、源泉徴収された所得税（復興特別所得税を含む。以下、本章において同じ）について、法人税法68条（所得税額控除）、78条（所得税額等の還付）もしくは133条（更正等による所得税額等の還付）の規定の適用を受ける場合には、これらの規定による控除又は還付をされる金額に相当する金額は、その内国法人の各事業年度の所得の金額の計算上、損金の額に算入しないことが規定されている。上記のうち、法人税法68条（所得税額控除）の規定が理解できれば、78条、133条の規定も理解できるため、本章では、68条（所得税額控除）の規定について解説を行うこととする。

法人税法68条1項では、内国法人が各事業年度において所得税法174条に規定する利子等、配当等、給付補塡金、利息、利益、差益、利益の分配又は賞金の支払を受ける場合には、これらにつき同法の規定により課される所得税の額は、政令で定めるところにより、当該事業年度の所得に対する法人税の額から控除することが明らかにされている。

そして、法人税法施行令140条の2第1項1号では、みなし配当の適用を受けるものを除き、受取配当金に対して徴収された源泉所得税のうち、「その元本を所有していた期間に対応するものとして計算される所得税の額」のみが所得税額控除の対象になることが明らかにされている。そのため、実務上、受取配当金を支払う場合には、所得税額控除の対象になるかどうかが重要になってくる。

これに対し、みなし配当に対して徴収された源泉所得税については、法人税法施行令140条の2第1項1号ではなく、同項2号が適用される。その結果、当該源泉所得税の全額に対して所得税額控除の対象にすることができる。みなし配当については、「元本を所有していた期間」という概念を導入することができなかったからであると考えられる。

Ⅱ　株式購入

M&A、株主間の売買などにより、株式を取得した後に、1年以内に配当を行った場合には、「その元本を所有していた期間に対応するものとして計算される所得税の額」のみが所得税額控除の対象になるため、源泉所得税の一部について、所得税額控除の対象にすることができないという問題が生じる。

「その元本を所有していた期間に対応するものとして計算される所得税の額」の計算方法につき、法人税法施行令140条の2第2項では原則法について定められ、同条3項では簡便法について定められている。具体的には、以下のとおりである。

＜原則法＞

$$\text{源泉所得税} \times \frac{\text{分母のうち元本を所有していた期間の月数}}{\text{利子配当等の計算の基礎となった期間の月数}} = \text{所得税額控除}$$

（注1）　上記の割合に小数点以下3位未満の端数があるときは、これを切り上げる。

（注2）　上記の月数は、暦に従って計算し、1月に満たない端数を生じたときは、これを1月とする。

＜簡便法＞

株式及び出資、集団投資信託に区分し、かつ、利子配当等の計算期間が1年以内のものと1年を超えるものに区分して、その区分に属するすべての元本について、銘柄ごとに次の計算を行う。

(イ) 利子配当等の計算期間が１年以内のもの

$$源泉所得税 \times \frac{A + (B - A) \times 1/2}{B} = 所得税額控除$$

(ロ) 利子配当等の計算期間が１年を超えるもの

$$源泉所得税 \times \frac{A + (B - A) \times 1/12}{B} = 所得税額控除$$

（注） A＝利子配当等の計算の基礎となった期間の開始時に所有していた元本の数

B＝利子配当等の計算の基礎となった期間の終了時に所有していた元本の数

ストラクチャーの構築では、源泉所得税のうち、おおむね全額を所得税額控除の対象にすることを目指すため、上記のうち、原則法が意識されることが多い。「利子配当等の計算の基礎となった期間」のすべてが「元本を所有していた期間」に該当するのであれば、源泉所得税の全額を所得税額控除の対象にすることができるからである。

法人税法施行令140条の２第２項では、「利子配当等の計算の基礎となった期間」として、以下のように規定されている。

① 下記以外の場合

判定対象配当の直前に当該判定対象配当を支払う法人により支払われた配当の支払いに係る基準日の翌日から当該判定対象配当等の支払いに係る基準日までの期間

② 「基準日の翌日」が判定対象配当の支払いに係る基準日から起算して１年前の日以前の日である場合又は判定対象配当が当該１年前の日以前に設立された法人からその設立の日以後最初に支払われる配当である場合

1年前の日の翌日から判定対象配当等の支払いに係る基準日までの期間

③　判定対象配当がその支払いに係る基準日以前1年以内に設立された法人からその設立の日以後最初に支払われる配当である場合

設立の日から判定対象配当等の支払いに係る基準日までの期間

④　判定対象配当がその元本である株式又は出資を発行した法人からその支払いに係る基準日以前1年以内に取得した株式又は出資につきその取得の日以後最初に支払われる配当である場合（募集株式の発行等により株式を取得した者を想定した規定である）

取得の日から判定対象配当等の支払いに係る基準日までの期間

上記②にあるように、前回の配当から1年以上が経過している場合には、分母の月数は12か月になる。そのため、株式を取得してから1年以上を経過させてから配当をすれば、源泉所得税の全額を控除することができるといえる。

さらに、上記①にあるように、前回の配当から1年が経過していない場合には、前回の配当の基準日の翌日から今回の配当の基準日までが分母の期間となる。そのため、株式を取得してから、100円の配当をさせた後に、1億円の配当をさせた場合には、100円の配当に対する源泉所得税の一部については所得税額控除の対象にならないものの、1億円の配当に対する源泉所得税の全額を所得税額控除の対象にすることができる。

上記のうち、前者の手法が租税回避に該当するかどうかについては、租税回避に該当しないとする考え方が多いと思われる。これに対し、後者の手法が租税回避に該当するかどうかは議論が分かれるという印象を受ける。しかし、前者の手法を採用するためには、1年間も待たなければならないという問題がある。そのため、みなし配当に該当させるために、剰余金を配当させるのではなく、自己株式として買い取らせるという手法を選択することがある。

（注）　令和4年度税制改正により、令和5年10月1日以後に支払いを受

ける配当等で次に掲げるものについては、源泉所得税が課されないことになった（所法177、所令301）。すなわち、源泉所得税が課されないことから、当然のことながら、所得税額控除の対象にならない。ただし、一般社団法人、一般財団法人、人格のない社団等及び公益法人等については、この特例は適用されない。

① 完全子法人株式等に該当する株式等に係る配当等

② 配当等の支払いに係る基準日において、当該内国法人が直接に保有する他の内国法人の株式等の発行済株式等の総数等に占める割合が３分の１超である場合における当該他の内国法人の株式等に係る配当等

Ⅲ　株式交換等

株式交換又はスクイーズアウトにより、株式交換等完全親法人が取得した株式交換等完全子法人株式に対しては、所得税額控除の特例が定められていない。そのため、株式交換又はスクイーズアウト後に、株式交換等完全子法人から配当をさせた場合には、源泉徴収された所得税の一部に対して所得税額控除を適用することができないという問題がある。

これに対し、株式交換により、株式交換完全子法人の株主が取得した株式交換完全親法人株式は、「判定対象配当がその元本である株式又は出資を発行した法人からその支払いに係る基準日以前１年以内に取得した株式又は出資につきその取得の日以後最初に支払われる配当」に該当することから、株式交換により株式交換完全親法人株式を取得してから１年以内に配当をしたとしても、源泉徴収された所得税の全額に対して所得税額控除を適用することができる。

これらの取扱いは、適格株式交換等に該当する場合であっても、非適格株式交換等に該当する場合であっても同様である。

（注）　前述「**Ⅱ　株式購入**」で解説したように、令和５年10月１日以後に支払いを受ける配当等については、一定の特例が認められている。

Ⅳ　株式移転

前述のように、所得税額控除の計算における原則法の計算方法は、以下のとおりである。

＜原則法＞

$$\text{源泉所得税} \times \frac{\text{分母のうち元本を所有していた期間の月数}}{\text{利子配当等の計算の基礎となった期間の月数}} = \text{所得税額控除}$$

そして、株式移転完全親法人が取得した株式移転完全子法人株式については、当該株式移転後の初回配当の計算の基礎となった期間の開始の日から当該設立の日の前日までその元本のすべてを所有していたものとみなして、「分母のうち元本を所有していた期間の月数」を計算することとされている。そのため、源泉徴収された所得税の全額に対して所得税額控除を適用することができる。

さらに、株式移転により、株式移転完全子法人の株主が取得した株式移転完全親法人株式については、株式移転完全親法人が新設法人であることから、1年以内に配当をしたとしても、源泉徴収された所得税の全額に対して所得税額控除を適用することができる。

これらの取扱いは、適格株式移転に該当する場合であっても、非適格株式移転に該当する場合であっても同様である。

V　合　併

前述のように、みなし配当に対して徴収された源泉所得税は、その全額を所得税額控除の対象にすることができる。そのため、非適格合併により発生するみなし配当に対して徴収された源泉所得税の一部が所得税額控除の対象にならないという問題は生じない。

そして、被合併法人の株主が合併法人株式の交付を受けた後に配当を受け取った場合には、当該合併法人株式が、「判定対象配当がその元本である株式又は出資を発行した法人からその支払いに係る基準日以前1年以内に取得した株式又は出資につきその取得の日以後最初に支払われる配当」に該当することから、合併の日から1年以内に配当を受け取ったとしても、源泉徴収された所得税の全額に対して所得税額控除を適用することができる。これは、適格合併であっても、非適格合併であっても同様である。

ただし、非適格合併により、合併法人が被合併法人から取得した株式に対しては、特例が定められていないことから、合併の日から1年以内に配当を受け取った場合には、源泉徴収された所得税の一部を所得税額控除の対象にすることができない。

これに対し、適格合併により、合併法人が被合併法人から取得した株式に対しては、被合併法人の元本所有期間を合併法人の元本所有期間とみなす旨の特例が定められている（法令140の2④一）。そのため、適格合併により、被合併法人が1年以上保有していた株式を引き継いだ後に、配当を受け取った場合には、源泉徴収された所得税の全額に対して所得税額控除を適用することができる。

Ⅵ　分割型分割

非適格合併と同様に、非適格分割型分割により発生するみなし配当もその全額を所得税額控除の対象にすることができる。

そして、分割法人の株主が、分割承継法人株式の交付を受けてから1年以内に配当を受け取った場合には、源泉徴収された所得税の全額に対して所得税額控除を適用することができる(注)。これは、適格分割型分割であっても、非適格分割型分割であっても同様である。

（注）　分割型分割を行った場合には、分割法人の株主は、分割承継法人から分割承継法人株式の交付を受けるのではなく、分割法人から交付を受けることから、分割承継株式の交付を受けてから1年以内に配当を受け取った場合には、源泉徴収された所得税の一部に対して、所得税額控除を適用することができないという解釈も可能である。

ただし、非適格分割型分割により、分割承継法人が分割法人から取得した株式に対しては、特例が定められていないことから、分割の日から1年以内に配当を受け取った場合には、源泉徴収された所得税の一部を所得税額控除の対象にすることができない。

これに対し、適格分割型分割により、分割承継法人が分割法人から取得した株式に対しては、分割法人の元本所有期間を分割承継法人の元本所有期間とみなす旨の特例が定められている（法令140の2④二）。そのため、適格分割型分割により、分割法人が1年以上保有していた株式を引き継いだ後に、配当を受け取った場合には、源泉徴収された所得税の全額に対して所得税額控除を適用することができる。

Ⅶ　分社型分割・現物出資

非適格分社型分割又は非適格現物出資を行っても、みなし配当は発生しないため、源泉所得税も発生しない。

そして、分割法人又は現物出資法人が、分割承継法人株式又は被現物出資法人株式の交付を受けてから１年以内に配当を受け取った場合には、源泉徴収された所得税の全額に対して所得税額控除を適用することができる。これは、適格分社型分割又は適格現物出資であっても、非適格分社型分割又は非適格現物出資であっても同様である。

ただし、非適格分社型分割又は非適格現物出資により、分割承継法人又は被現物出資法人が分割法人又は現物出資法人から取得した株式に対しては、特例が定められていないことから、分割の日又は現物出資の日から１年以内に配当を受け取った場合には、源泉徴収された所得税の一部に対して、所得税額控除を適用することができない。

これに対し、適格分社型分割又は適格現物出資により、分割承継法人又は被現物出資法人が分割法人又は現物出資法人から取得した株式に対しては、分割法人又は現物出資法人の元本所有期間を分割承継法人又は被現物出資法人の元本所有期間とみなす旨の特例が定められている（法令140の2④二・三）。そのため、適格分社型分割又は適格現物出資により、分割法人又は現物出資法人が１年以上保有していた株式を引き継いだ後に、配当を受け取った場合には、源泉徴収された所得税の全額に対して所得税額控除を適用することができる。

Ⅷ　現物分配

法人税法24条1項において、現物分配は列挙されていないことから、みなし配当には該当せず、通常の配当として取り扱われる。そのため、非適格合併により発生するみなし配当と異なり、「その元本を所有していた期間に対応するものとして計算される所得税の額」のみが所得税額控除の対象になる(注)。

（注）　適格現物分配は、配当等の定義から除外されていることから、そもそも源泉所得税が課されないため、所得税額控除の対象にはならない（所法24①、174二、212③）。

そして、非適格現物分配により、被現物分配法人が現物分配法人から取得した株式に対しては、特例が定められていないことから、現物分配の日から1年以内に配当を受け取った場合には、源泉徴収された所得税の一部を所得税額控除の対象にすることができない。

これに対し、適格現物分配により、被現物分配法人が現物分配法人から取得した株式に対しては、現物分配法人の元本所有期間を被現物分配法人の元本所有期間とみなす旨の特例が定められている（法令140の2④四）。そのため、適格現物分配により、現物分配法人が1年以上保有していた株式を引き継いだ後に、配当を受け取った場合には、源泉徴収された所得税の全額に対して所得税額控除を適用することができる。

Ⅸ　株式分配

現物分配と異なり、法人税法24条1項3号において、株式分配が列挙されていることから、非適格株式分配により発生するみなし配当に対する源泉所得税は、その全額を所得税額控除の対象にすることができる(注)。

（注）株式分配は配当等の定義から除外されており、かつ、適格株式分配はみなし配当の定義から除外されていることから、適格株式分配に対しては、そもそも源泉所得税が課されないため、所得税額控除の対象にはならない（所法24①、174二、212③)。

ただし、非適格株式分配により、現物分配法人の株主が現物分配法人から取得した株式に対しては、特例が定められていないことから、株式分配の日から1年以内に配当を受け取った場合には、源泉徴収された所得税の一部を所得税額控除の対象にすることができない。

そして、適格株式分配により、現物分配法人の株主が現物分配法人から取得した株式に対しても、特例が定められていない。そのため、非適格株式分配と同様に、株式分配の日から1年以内に配当を受け取った場合には、源泉徴収された所得税の一部を所得税額控除の対象にすることができない。

第４章

非時価取引と税務上の論点

第１章から第３章までは、時価で取引をした場合を前提に解説を行った。しかし、実務上は、時価以外の価額で取引を行った場合にどのような取扱いになるのかが議論になることがある。

本章では、時価以外の価額で取引をした場合にどのように取り扱われるのかについて解説を行うこととする。

I　相続税法基本通達の基本的な考え方

相続税法基本通達では、株主間贈与について以下のように規定されている。

■相続税法基本通達

（株式又は出資の価額が増加した場合）

9－2　同族会社（法人税法（昭和40年法律第34号）第2条第10号に規定する同族会社をいう。以下同じ。）の株式又は出資の価額が、例えば、次に掲げる場合に該当して増加したときにおいては、その株主又は社員が当該株式又は出資の価額のうち増加した部分に相当する金額を、それぞれ次に掲げる者から贈与によって取得したものとして取り扱うものとする。この場合における贈与による財産の取得の時期は、財産の提供があった時、債務の免除があった時又は財産の譲渡があった時によるものとする。

(1)　会社に対し無償で財産の提供があった場合　当該財産を提供した者

(2)　時価より著しく低い価額で現物出資があった場合　当該現物出資をした者

(3)　対価を受けないで会社の債務の免除、引受け又は弁済があった場合　当該債務の免除、引受け又は弁済をした者

(4)　会社に対し時価より著しく低い価額の対価で財産の譲渡をした場合　当該財産の譲渡をした者

（同族会社の募集株式引受権）

９－４ 同族会社が新株の発行（当該同族会社の有する自己株式の処分を含む。以下９－７までにおいて同じ。）をする場合において、当該新株に係る引受権（以下９－５までにおいて「募集株式引受権」という。）の全部又は一部が会社法（平成17年法律第86号）第206条各号《募集株式の引受け》に掲げる者（当該同族会社の株主の親族等（親族その他法施行令第31条に定める特別の関係がある者をいう。以下同じ。）に限る。）に与えられ、当該募集株式引受権に基づき新株を取得したときは、原則として、当該株主の親族等が、当該募集株式引受権を当該株主から贈与によって取得したものとして取り扱うものとする。ただし、当該募集株式引受権が給与所得又は退職所得として所得税の課税対象となる場合を除くものとする。

このように、相続税法基本通達９－２では、時価よりも高い価額で第三者割当増資の引受けを行ったことにより(以下､「高額引受け」という)、既存株主が保有する株式の時価が上昇した場合には、既存株主に対して贈与税を課することが明らかにされている。

これに対し、同通達９－４では、時価よりも低い価額で第三者割当増資の引受けをした場合において（以下、「有利発行」という)、既存株主に親族等がいるときは、既存株主である親族等からの贈与であるとみなして贈与税を課することが明らかにされている。なお、同通達９－４の最後に「ただし、当該募集株式引受権が給与所得又は退職所得として所得税の課税対象となる場合を除くものとする。」と規定されている。さらに､所得税基本通達23～35共－６⑵では、原則として、一時所得に分類することとしながらも、当該発行法人の役員又は使用人に対しその地位又は職務等に関連して株式を取得する権利が与えられたと認められるときは給与所得とし、これらの者の退職に基因して当該株式を取得する権利が与えられたと認められるときは退職所得として取り扱うことが明らかにされている。

このように、有利発行を行った場合において、既存の主要株主が個人であり、かつ、引受人も個人であったとしても、贈与税の課税対象になるのか、所得税の課税対象になるのかを検討する必要がある。この点につき、相続税法21条の3第1項1号では、法人からの贈与により取得した財産には贈与税が課されないことが明らかにされている。すなわち、発行法人から引受人に対する経済的価値の移転として捉えるのであれば、法人から個人に対する贈与であることから、贈与税が課される余地がなく、所得税の課税対象となる。これに対し、所得税法9条1項17号では、個人からの贈与により取得するもの（相続税法の規定により個人からの贈与により取得したものとみなされるものを含む）には所得税が課されないことが明らかにされている。すなわち、発行法人から引受人に対する経済的価値の移転として捉えるのではなく、既存の個人株主から引受人に対する経済的価値の移転として捉えるのであれば、贈与税の課税対象となることから、所得税が課される余地はない。

この点につき、森田哲也『令和2年11月改訂版　相続税法基本通達逐条解説』161頁（大蔵財務協会、令和2年）では、以下のように分類されている。

「①　給与所得又は退職所得として所得税の課税対象とされるもの

……旧株主と新株主又は自己株式を引き受けた者とが親族等の関係にあるかどうか、また、発行会社が同族会社であるかどうかに関係なくその募集株式引受権の利益を給与所得又は退職所得として与えられた場合。

②　贈与により取得したものとして贈与税の課税対象とされるもの

……①に該当しない場合で、旧株主と新株又は自己株式を引き受けた者が親族等の関係にあり、かつ、その発行会社が同族会社であるとき。

③　一時所得として課税されるもの

……①及び②のいずれにも該当しない場合。」

すなわち、発行法人が同族会社であり、かつ、第三者割当増資の引受けをした者が既存の個人株主の親族等である場合に限定して、既存の個人株主から引受人に対する経済的価値の移転があったものとして考え、それ以外の場合には、発行法人から引受人に対する経済的価値の移転があったものとして考えていることが分かる。その結果、前者の場合には贈与税の課税対象となり、後者の場合には所得税（一時所得）の課税対象となる。

しかし、既存の個人株主の親族等である場合であっても、所得税法上、給与所得又は退職所得として分類されるときには、当該発行法人の役員又は使用人としての地位や職務等に関連して、又はこれらの者の退職に基因して経済的利益の移転を受けていることから、株主間贈与として捉えることは適当ではなく、贈与税の課税対象とはせず、所得税（給与所得又は退職所得）の課税対象としているという整理になる。

このように、相続税法上、第三者割当増資における取扱いは、通達で明記されていることから、その取扱いは明らかにされている。しかし、これらは相続税法の通達であることから、個人から個人への贈与に対してのみ適用され、一方又は双方が法人の場合には適用することができない。法人税法及び所得税法では、有利発行をした場合には、受贈益として課税することが明らかにされているため（法法22②、法令119①四、所法36②、所令84③三）、相続税法基本通達9－4の考え方と大きくは異ならないが、高額引受けをしたことにより、既存株主が保有する株式の時価が上昇したとしても、その利益は実現していないことから、法人税法及び所得税法において、相続税法基本通達9－2と同様に解することができるのかは別途検討が必要である。

Ⅱ　非時価取引を理解するための４つの重要判決

非時価取引を理解するために、4つの重要判決を理解する必要がある。すなわち、オウブンシャ・ホールディング事件、相互タクシー事件、日本スリーエス事件、日産事件である。以下ではこれらの判決についての解説を行うこととする。

1　オウブンシャ・ホールディング事件

（最三小判平成18年1月24日・TAINSコードZ256－10279）

⑴　第一審（東京地判平成13年11月9日・TAINSコードZ251－9020）

原告が100％出資してオランダに設立した外国子会社であるA社の株主総会において、新たに発行する新株全部を原告の外国における関連会社であるB社に著しく有利な価額で割り当てる決議を行い、原告が保有していたA社株式の資産価値を何らの対価も得ずにB社に移転させた。

そのため、本郷税務署長は、その移転した資産価値相当額をB社に対する寄附金と認定し、更正処分を行った。

本件では、法人税法22条2項に規定する無償の譲渡に該当するか否か、同法132条に規定する同族会社等の行為計算の否認を適用することができるか否かについて争われた。裁判所は以下のように判示し、更正処分を取り消すべきであるとした。

① 法人税法 22 条 2 項について

- 本件決議はA社の機関である同社の株主総会が内部的な意思決定としてしたものにほかならず、その段階では未だ増資の効果は生じていないのであって、B社が本件増資により資産価値を取得したとすれば、それは、法形式においては、A社の執行機関が本件決議を受けて同社の行為として増資を実行し、B社が新株の引受人として払込行為をしたことによるものである。そうすると、本件増資は、A社自体による本件増資の実行という行為とそれに応じてB社がA社に対して新株の払込をするという行為により構成されており、本件増資の結果、B社の払込金額と本件増資により発行される株式の時価との差額がB社に帰属することとなったことを取引的行為としてとらえるとすれば、本件増資をして新株の払込を受けたA社と有利な条件でA社から新株の発行を受けたB社の間の行為にほかならず、原告はB社に対して何らの行為もしていないというほかない。
- 実質的にみて原告の保有するA社株式の資産価値がB社に移転したとしても、それが原告の行為によるものとは認められないから、同資産価値の移転が原告の行為によることを前提としてこれに法22条2項を適用すべきである旨の被告の主位的主張には理由がない。

② 法人税法 132 条について

- 本件更正処分の理由として法132条を適用すべき旨の被告の主張は、原告自らの行為によりその保有するA社株式の資産価値がB社に移転したとの事実を前提として、同資産価値の移転について法132条を適用して課税しようとするものである。しかしながら、原告の保有するA社株式の資産価値がB社に移転したことが、原告自らの行為によるものとは認められないことは、……に判示のとおりである。従って、被告の同主張については、その余の点について判断するまでもなく理由がないことは明らかである。

⑵ 控訴審（東京高判平成16年1月28日・TAINSコードZ254－9531）

控訴審は、以下のように判示し、原判決を取り消し、被控訴人の請求を棄却した。

- A社における上記持株割合の変化は、上記各法人及び役員等が意思を相通じた結果にほかならず、被控訴人は、B社との合意に基づき、同社からなんらの対価を得ることもなく、A社の資産につき、株主として保有する持分16分の15及び株主としての支配権を失い、B社がこれらを取得したと認定評価することができる。そして、被控訴人が上記資産に係る株主として有する持分をB社からなんらの対価を得ることもなく喪失し、同社がこれを取得した事実は、それが両社の合意に基づくと認められる以上、両社間において無償による上記持分の譲渡がされたと認定することができる。
- 両社間における無償による上記持分の譲渡は、法22条2項に規定する「無償による資産の譲渡」に当たると認定判断することができる。尤も、上記「持分の譲渡」は、同項に規定する「資産の譲渡」に当たるとすることに疑義を生じ得ないではないが、「無償による……その他の取引」には当たると認定判断することができるというべきである。すなわち、上記規定にいう「取引」は、その文言及び規定における位置づけから、関係者間の意思の合致に基づいて生じた法的及び経済的な結果を把握する概念として用いられていると解せられ、上記のとおり、被控訴人とB社の合意に基づいて実現された上記持分の譲渡をも包含すると認められる。そして、本件において、法22条2項に規定する無償による「資産の譲渡」又は「その他の取引」は、遅くとも、B社により引き受けた増資の払込みがされた時に発生したと認められる。

(3) 上告審（最三小判平成 18 年 1 月 24 日）

裁判所は、「上告人は、A 社の唯一の株主であったというのであるから、第三者割当により同社の新株の発行を行うかどうか、だれに対してどのような条件で新株発行を行うかを自由に決定することができる立場にあり、著しく有利な価額による第三者割当増資を同社に行わせることによって、その保有する同社株式に表章された同社の資産価値を、同株式から切り離して、対価を得ることなく第三者に移転させることができたものということができる。そして、上告人が、A 社の唯一の株主の立場において、同社に発行済株式総数の 15 倍の新株を著しく有利な価額で発行させたのは、上告人の A 社に対する持株割合を 100％から 6.25％に減少させ、B 社の持株割合を 93.75％とすることによって、A 社株式 200 株に表章されていた同社の資産価値の相当部分を対価を得ることなく B 社に移転させることを意図したものということができる。また、前記事実関係等によれば、上記の新株発行は、上告人、A 社、B 社及び財団法人 E の各役員が意思を相通じて行ったというのであるから、B 社においても、上記の事情を十分に了解した上で、上記の資産価値の移転を受けたものということができる。以上によれば、上告人の保有する A 社株式に表章された同社の資産価値については、上告人が支配し、処分することができる利益として明確に認めることができるところ、上告人は、このような利益を、B 社との合意に基づいて同社に移転したというべきである。したがって、この資産価値の移転は、上告人の支配の及ばない外的要因によって生じたものではなく、上告人において意図し、かつ、B 社において了解したところが実現したものということができるから、法人税法 22 条 2 項にいう取引に当たるというべきである」と判示し、控訴審判決を支持した。ただし、時価の算定に問題があるとし、その点については、東京高裁に差し戻している（東京高判平成19年1月30日・TAINSコードZ257－10621参照）。

⑷ 評　釈

法人税法上、有利発行を行った場合には、引受人において受贈益が課税されることが明らかにされている（法法22②、法令119①四）。第一審判決が示すように、会社法上の体系上、第三者割当増資は、発行会社と引受人との間の取引であり、既存株主は、発行会社の意思決定機関としての株主総会で議決権を行使したに過ぎない。そのため、法人税法の体系上も、発行会社から引受人に対する贈与であると規定されている。

しかし、実質的には、有利発行を行った場合には、既存の法人株主から引受人に対して経済的価値が移転していると考えられる。例えば、既存の法人株主が保有する株式の時価が100であり、有利発行により30まで下落した場合には、70について経済的価値が移転していると考えることができる。本事件では、このような経済的価値の移転について、無償による資産の譲渡その他の取引があったものとして、既存の法人株主に対してみなし譲渡益を課税すべきか否かが問題となっている。

この点については、前述のように、法人税法上、第三者割当増資が発行法人と引受人の二者間取引であると考えており、既存の法人株主において課税関係が生じるという前提の条文構成にはなっていない。そのため、法人税法上、第三者割当増資により有利発行が行われたとしても、引受人において受贈益として課税することは予定しているものの、既存の法人株主に対して課税関係を発生させることは予定していないということがいえる。

そのため、既存の法人株主においてこのような課税を行うためには、法人税法22条2項又は同法132条を根拠にせざるを得ない。すなわち、同法22条2項は益金の額に対する一般規定であり、「無償による資産の譲渡又は役務の提供その他の取引」により生ずる収益の額を益金の額に算入すべきことが規定されている。そして、同法132条は同族会社等の行為計算の否認に係る規定である。

この点につき、控訴審、上告審では、既存株主が、誰に対してどのような条件で募集株式の発行等を行うのかを自由に決定できる立場にあることが重視されている。そのため、既存株主が少数株主である場合には、当該既存株主から引受人に対する経済的価値の移転があったとしても、みなし譲渡益を課税すべきではない。

このように、既存株主のうち支配株主に対してのみが問題になると思われるが、実務上は、有利発行を行った場合において、引受人だけではなく、既存株主においてみなし譲渡益として課税される可能性があるという点に留意が必要である。

2 相互タクシー事件

(福井地判平成13年1月17日・TAINSコードZ250－8815)

(1) 裁判所の判断

本事件では、原告が、A社の第三者割当増資により、1株当たり100万円、総額529億円で引き受け、同金額を払い込んだ。その後、原告は、1株当たり316円、約1億円で譲渡することにより、約528億円の有価証券譲渡損を実現したが、大野税務署長は、原告がA社に贈与したと認められる額面金額を上回る増資払込金を寄附金として認定することにより、上記有価証券譲渡損の損金算入を否定した。

原告は、「法37条6項が規定する寄附金は典型的な借用概念であって、商法上適法かつ正当な本件増資払込みが問題とされる余地はなく、また、本件増資払込みによって原告は払込金額で評価される新株を対価として得たのであって、このことは、商法、法人税法施行令及び企業会計原則が払込みによって取得した株式の取得価額を払い込んだ金額としていることや、基本通達9－1－10の2（著者加筆；現9－1－12）が赤字子会社に対する増資払込みについても寄附金には当たらないとする取扱いをしていることからも明らかであり、本件増資払込みによって損益は生じ得ないから、本件増資払込金を寄附金と認める余地はない。また、本件増資払込みは、その直前に原告がAに対して有していた本件貸付金債権が回収不能となっていたことから、これをA株式に変換したにすぎず、合理的経済人としてごく当たり前の行為であるから、やはり本件増資払込金を寄附金と認める余地はない」と主張したが、裁判所は、以下のように判示することにより、原告の主張を斥けている。

- 本件増資払込みによる現実の出捐があったとしても、法37条の解釈、適用上、本件増資払込金の中に寄附金に当たる部分がある場合には、当該部分は法人税法上の評価としては「払い込んだ金額」……に当たらないと解される。本件増資払込金は本件株式を取得するための増資払込金としての外形を有するものであるが、後記のとおり、それが実質上寄附金と判断される以上、原告の行った取引の外形に法人税法上の法的評価が拘束される理由はないから、法人税法上これを「払い込んだ金額」として、本件株式の取得価額に当たると解さなければならないものではない。また、法37条は同法22条3項にいう「別段の定め」に当たるから、商法や企業会計原則上の取扱いにかかわらず適用されるものである。
- Aが本件増資払込金の全額を資本勘定に組み入れたことと、原告にとって損失（寄附金）が発生するとすることとは、何ら矛盾するものではない上、原告が会計処理上、本件増資払込金の全額を有価証券勘定に計上したからといって、右原告の会計処理上の取扱いに法人税法上の法的評価が拘束される理由はない。

- 右通達は、親会社が赤字の子会社に対して増資払込みをすることについては、企業支配、経営支援等の必要性からその事情においてやむを得ない場合があることが考えられることなどから、親会社が債務超過の子会社の増資を引き受け、時価を超える払込みをした場合に、そのような増資払込みにも経済的合理性が認められ、時価と払込金額の差額を企業支配の対価ととらえることができる場合があることを前提として規定されたものと解され、増資会社が債務超過である場合の増資払込みはおよそすべて寄附金となり得ないことを明らかにしたものではないというべきである。したがって、後に検討するような経済取引として十分に首肯し得る合理的理由がある場合はともかく、そうでない以上、右通達を理由に直ちに本件増資払込みが寄附金に当たらないということはできない。

そして、控訴審（名古屋高判平成14年5月15日・TAINSコードZ252－9121）も同様の判断を行っており、上告審（最三小決平成14年10月15日・TAINSコードZ252－9213）では、上告不受理となっている。

なお、控訴審において特記すべき事項として、「控訴人は、一個の金銭の出捐行為について、その受入れ側にとって増資払込金であるとされるものが、その支払者側にとっては増資払込金に当たらないなどということは、通常人の行う経済取引においては絶対に有り得ないことである、と主張する。しかし、ここで問題なのは、私法上（商法上）有効な増資払込みであっても、法人税法上、それを「寄附金」と認定することの妥当性なのである。要するに、Aの額面50円の株式5万2,900株を控訴人が1株当たり100万円ですべて引き受け、増資払込金として総額529億円を払い込んだ行為が、たとい私法上（商法上）の増資払込みとして有効なものであっても、法人税法の上で、額面50円を超える増資払込金が対価を伴わない実質的な贈与と認定できるかどうかが問題なのである。したがって、同じ増資払込行為を、受入側では増資払込と認定しながら、払込側では寄附金の支出と認めることは、法人税法上では、何ら異とするに足りないのである。これを正解しない控訴人の主張は、失当というほかない」と判示している点が挙げられる。

(2) 評　釈

法人税法上、有価証券と引換えに払込みをした金銭の額が、払い込むべき金銭の額を定める時におけるその有価証券の取得のために通常要する価額に比して不利な金額である場合（いわゆる「高額引受け」に該当する場合）には、特別の規定は設けられていない。そのため、払込みをした金銭の額がそのまま有価証券の取得価額になる（法令119①二）。なお、法人税法施行令119条1項27号を適用し、通常要する価額を有価証券の取得価額とすべき考え方もあり得るが、27号では「前各号に掲げる有価証券以外の有価証券」と規定されていることから、2号に直接的に該当する限り、27号を適用することにより、時価まで引き下げることはできない。

また、法人税基本通達9－1－12では、増資の直前において債務超過の状態にあり、かつ、その増資後においてなお債務超過の状態が解消していない場合は、有価証券の評価損を計上することができないことが明らかにされている。本通達に記載されている内容は、高額引受けをした場合に、その払込みをした金銭の額がそのまま有価証券の取得価額になることを前提にしている。

しかしながら、そのように形式的に解釈した場合には、租税回避に対して十分に対応できないことから、本事件では、増資払込金の中に寄附金に当たる部分がある場合には、当該部分を「払込みをした金銭の額」に該当しないものとして課税処分が行われた。このような用語の縮小解釈による否認は一般的ではあるが、個人的には、後述する日本スリーエス事件のように、同族会社等の行為計算の否認によるべきであったと考えている。なお、本来であれば、時価が0円であることから、払い込んだ金銭の全額を寄附金とすべきであるが、当時は額面株式の制度があったことから、厳密には額面金額を超える部分について寄附金として否認されている。

いずれにしても、実務上、第三者割当増資を引き受けた後に株式を譲渡することにより、有価証券譲渡損を認識することについては、寄附金として認定されるリスクがあることは明らかである。ただし、法人税基本通達9－4－1が適用できる場合には、このような問題は生じないため、実務上は、同通達を適用するかどうかについて、慎重な検討が必要になる。

【補　足】

これに対し、有価証券の発行法人では、払込みを受けた金銭の額が資本金等の額として取り扱われる（法法2十六、法令8①一）。そのため、高額引受けを行った場合には、発行法人において受贈益として処理すべきかどうかが問題となる。この点につき、前述のように、相互タクシー事件では、発行法人側での受贈益課税は行われていない。

この点につき、現行法上の解釈として、新株予約権を発行した場合の取扱いが参考になる。すなわち、新株予約権を発行する場合において、その新株予約権と引換えに払い込まれる金銭の額がその新株予約権のその発行の時の価額に満たないときは、その満たない部分の金額に相当する金額は、発行法人の課税所得の計算上、損金の額に算入されないこととされており、その新株予約権のその発行の時の価額を超えるときは、その超える部分の金額に相当する金額は、益金の額に算入されないこととされている（法法54の2⑤）。このような規定が設けられているのは、法人税法上、発行法人では、新株予約権が負債として取り扱われるからである。そして、この規定が設けられた趣旨として、『平成18年版　改正税法のすべて』349頁では、「すなわち、新株予約権を利用した取引は従前より資本等取引に類似した取引と考えられていましたが、発行の場面においては資本等取引と同様に発行法人側に損金及び益金が生じないことを処理面から明確にしたものです。なお、この規定は、新株予約権者側の取扱いに何ら影響を与えるものではありません」と解説している。

このように、資本等取引の類似取引である新株予約権の発行において、時価と異なる価額であったとしても、発行法人側は損金及び益金の額に算入しないと考えられているのであるから、株式の発行においては、時価を超える金銭の払込みであっても資本等取引と考えることにより、受贈益課税は課されないということが、法人税法の基本的な考え方であるということがいえる。

そのため、これを超えて否認しようとするのであれば、きわめて異常な取引に対してのみ、同族会社等の行為計算の否認（法法132）を適用するという考え方になると思われるが、そのような否認は、相互タクシー事件、日本スリーエス事件（後述）に比べ、さらにハードルが高いことから、きわめて稀なケースであると考えられる。

3　日本スリーエス事件

（東京地判平成12年11月30日・TAINSコードZ249－8788）

(1)　裁判所の判断

原告は、子会社であるＢ及びＣ（以下、Ｂと合わせて「本件子会社」という）に対する貸付債権が不良債権化していたところ、本件子会社の発行する新株を額面金額に比べて高い金額で引き受けた後に、本件子会社の株式をＤに譲渡することによって有価証券譲渡損を計上した。また、本件子会社は、増資により払い込まれた金銭をもって原告に対する債務を弁済した。

しかし、杉並税務署長は、法人税法132条を適用し、新株の取得価額は額面金額であるとした上で、その差額を寄附金と認定したため、原告は、その取消しを求めた。

これに対し、裁判所は、以下のように判示し、原告の主張を認めなかった。

- 原告の本件子会社に対する貸付金はいずれも回収不能とはいえず、損金に算入することはできないものであった。すなわち、原告は、本来損金に算入することができないものについて、本件一連の行為を行い、有価証券売却損という形を取ることによって、実質的に、本件子会社に対する貸付金を損金に算入する形で処理したものであるということになる。
- 債務超過状態である本件子会社の新株発行に際して、原告は、Ｂについて額面金額である発行価額が１株５万円であるにもかかわらず、その約29倍にものぼる１株当たり約144万円、合計２億3,000万円の払込みをし、Ｃについても額面金額である発行価額が１株500円であるにもかかわらず、その100倍にものぼる１株当たり５万円、合計５億円の払込みをしている。債務超過状態にあり、将来成長が確実に望めるというような特別の事情が認められるわけではない株式会社の新株発行に際して、額面金額である発行価額を大幅に超える払込みを行うのは、通常の経済人を基準とすれば合理性はなく、不自然・不合理な経済行為である。原告は子会社を救済する必要性、妥当性を指摘して右行為の合理性を主張するが、株式を取得する際にはそのような背景事情を捨象した株式自体の価値に着目して対価を決定するのが、税法の想定する通常の経済人を基準とした合理性のある行為と考えるべきである。そして、本件子会社が、原告が全株式を保有する同族会社であり、かつ、本件一連の行為によって、本来であれば損金に計上することのできない本件子会社に対する貸付金を有価証券売却損という形を取ることによって、損金に計上するという目的があったからこそ、右のような払込みが行われたものであるというべきである。

- 本件において、被告は、原告の右の行為を否認し、原告が行った本件子会社の株式の増資払込みを通常あるべき行為に引き直して、本件子会社の株式1株について払い込んだ金額は、株式の額面金額とするのが相当であり、その余の金額は、株式の増資払込みとは認められず、何ら対価性のない金銭の支出として寄付金に該当するとしている。本件においては、有価証券売却損を作出するために新株の客観的な価値を大幅に超える払込金額を払い込んでいることが経済的合理性を欠くものとして法132条の否認の対象とされているのであるから、被告（税務署長）としては、本件子会社の発行する新株1株当たりの客観的価値を把握し、その客観的価値をもって本件子会社の株式1株について払い込んだ金額とするのが正当と思われないでもないが、被告は、商法上、額面株式の発行価額はその券面額を下回ることができないとされていること（商法202条2項）から、本件子会社の株式1株について払い込んだ金額は、株式の額面金額とするのが相当であるとしたものであること、本件子会社は、いずれも債務超過状態であり、将来成長が確実に望めるというような特別の事情も見当たらないのであって、その新株の価値は極めて低いと考えられることからすると、右の被告の認定が不合理であるということはできない。

なお、控訴審（東京高判平成13年7月5日・TAINSコードZ251－8942）も同様の判断を行っている。

(2) 評　　釈

このように、裁判所は、納税者の主張を認めず、法人税法132条の適用を行った。なお、ここで留意されたいのは、同条に規定されている同族会社等の行為計算の否認を適用することにより、額面金額を超える部分の金額を払い込まれた金銭ではないと認定したという点である。すなわち、同族会社等の行為計算の否認を適用するか否かという点が異なるが、具体的な否認手法は、相互タクシー事件と同じであるということがいえる。

そのため、このような用語の拡大解釈、縮小解釈による否認が困難である場合には、同族会社等の行為計算の否認との組合せにより、類似の否認が行われる可能性があるということがいえる。

4 日産事件

(東京高判平成26年6月12日・TAINSコードZ264－12484)

(1) 第一審（東京地判平成24年11月28日・TAINSコードZ262－12098)

自動車の開発、製造等の事業を目的とする株式会社である原告は、原告の製造した自動車等を販売するいわゆる連結子会社である株式会社51社等との間で、平成18年4月から同年7月にかけて、①会社の分割、②新株の発行、③資本の減少並びに資本準備金及び利益準備金の減少並びに④会社の合併という一連のいわゆる事業再編を行った。

神奈川税務署長は、本件事業再編のうちの③の資本の減少並びに資本準備金及び利益準備金の減少に伴い、平成17年改正前商法213条1項の規定に基づき、本件各子会社が発行した株式の一部が消却されて、それらを保有していた原告に一定の金額が払い戻されたことに関して、原告に払い戻された金額が消却された本件各子会社株式の譲渡に係る適正な対価の額に比して低いことを理由として、法人税法37条に規定する寄附金として更正処分を行った。

本件では、原告は、①主位的には、平成17年改正前商法289条3項及び375条1項の規定により、資本の減少並びに資本準備金及び利益準備金の減少の際に株主の払戻しの金額の限度額を超える部分について、原告はその払戻しを受けることができる法的地位になかったという理由により、寄附金には該当しない旨を主張し、②予備的には、本件各更正処分等において認定された本件適正譲渡対価の額は、本件消却株式の時価に基づいて算定される本件適正譲渡対価の額を上回るから、本件各更正処分等において認定された有価証券の譲渡損失額は不当に低い額となっている旨を、それぞれ主張した。

このような主張に対し、裁判所は、平成17年改正前商法289条3項及び375条1項の規定を遵守することが贈与的な性格を否定するには至らないものとして主位的主張を斥け、原告の主張する時価を採用することはできないとして予備的主張についても斥けている。主位的主張に対する裁判所の判断は、以下のとおりである。

- 原告は、本件株式消却によって本件消却株式の株主としての地位を失い、本件消却株式の時価に相当する経済的な利益を失うとともに、払戻しをした本件各子会社から、本件消却株式の時価よりも低い額の本件払戻額の払戻しを受けたにとどまるから、このような本件株式消却を伴う減資の手続を通じ、原告から払戻しをした本件各子会社に対しては本件消却株式の時価と本件払戻額の差額（一部の金額を除く。）に相当する経済的な利益が、原告から払戻しをしなかった本件各子会社に対しては本件消却株式の時価に相当する経済的な利益（同じく一部の金額を除く。）が、それぞれ対価なく移転されたものということができる。

・原告が営利を目的とする法人であること、事業の再編の手続として本件において採用されたもの以外のものを選択することが妨げられていたと見るべき格別の証拠ないし事情は見当たらないこと、本件株式消却を伴う減資は直接には本件各子会社の本件合併による消滅までの間のいわゆる税金対策を主たる目的とするものであること等からすれば、原告の主張するような事情のほか、原告と本件各子会社とが法人税法上の連結納税に係る関係にあることをもっても、上記のような経済的な利益の対価のない移転を内容とする手続を執ることが原告にとっての通常の経済取引として是認することができる合理的な理由に当たると直ちに解することは困難というべきであるし、他に本件においてこのような合理的な理由が存在したことをうかがわせる証拠ないし事情は見当たらない。
・本件において、原告が本件払戻超過額の払戻しを受け得る法的地位になかったことは、本件払戻限度超過額が寄附金に該当することを直ちに否定する根拠となるものとはいえないというべきである。

(2) 本事件の特徴

平成18年度に施行された会社法により、資本金の減少や資本準備金、利益準備金の減少については、単なる純資産の部の振替えとなったため、本事件と同様の効果をもたらすとすれば、その他資本剰余金、その他利益剰余金に振り替えた上で、自己株式の消却を行うことになる。そのため、「資本の減少並びに資本準備金及び利益準備金の減少の際に株主の払戻しの金額の限度額を超える部分について、原告はその払戻しを受けることができる法的地位になかった」という主張を行うことはできない。

また、本事件における取引の多くは、原告の100％子会社により行われているが、平成22年度に施行されたグループ法人税制により、100%子会社による自己株式の取得については、損金の額に算入することができなくなった（法法61の2⑰）。

そのため、現在においては、100%に満たない子会社のみに適用される議論ではあると考えられる。

(3) 控訴審（東京高判平成26年6月12日）

控訴人（原告）は、新たに、払戻超過額の「収益」該当性と「みなし配当額」の算定の基礎となる金額に収益部分を含めるか否かの主張を追加した。これに対して、裁判所は以下のように判示し、控訴人の主張を認めなかった。

- 法人税が企業の経済活動によって稼得された成果（企業利益）を課税物件とするものであることに照らすと、法人税法22条2項にいう「収益」とは、経済的な実態に即して実質的に理解するのが相当であり、また、このように解するのが同項の趣旨でもある租税の公平な負担の観念に合致することになる。そして、法人税法においては、法人が保有する資産の評価換えによりその帳簿価額が増額した場合でも、原則として、その増額した部分（評価益）は「益金の額」に算入せず（同法25条1項）、保有している段階では課税しないとする一方、資産の売却等によりその支配を離脱したときには、収益としてこれに課税するという仕組みが採用されているのである（同法22条2項、3項）。以上に照らすと、本件株式消却により消却株式が譲渡されたことに伴い、その評価額である本件払戻限度超過額を含む678億898万9,571円を「収益」として計上することは法人税法上の当然の帰結というべきであるから、控訴人が本件払戻限度超過額を収受することが旧商法の規定により許されないとしても、そのことをもって、直ちにその収益性を否定することはできないと解するのが相当である。なお、控訴人は、本件株式消却が発行法人と株主との間の取引であって、株主と他の第三者との間の取引ではないと指摘するのであるが、両者の取引において、同法22条2項の「収益」の内容について異なる理解をすべき合理的な理由があるとは解されないから、この指摘によって上記の結論が左右されるものではない。

- 控訴人は、本件株式消却によって株主としての地位と、その時価に相当する経済的な利益を失う一方、本件株式消却を行った本件各子会社から、当該株式の時価よりも低額の本件払戻額を受領したに止まるのであって、しかも、本件株式消却時における消却株式の時価総額（本件時価）は715億4,510万6,241円（控訴人の主張によっても649億6,389万4,183円となる。）であるのに対し、本件払戻額は85億2,007万971円であり、著しい対価的な不均衡があることに照らすと、控訴人は、本件株式消却を伴う減資の手続を通じて、払戻しをした本件各子会社に対しては時価と本件払戻額との差額に相当する経済的な利益を、払戻しをしなかった本件各子会社に対しては時価に相当する経済的な利益をそれぞれ対価なく移転したというべきであり、また、この経済的な利益の移転を通常の経済取引として是認することができる合理的な理由があるとは認められないから、控訴人が本件各子会社に対価なく移転した経済的な利益に相当する金額は、本件払戻限度超過額を含めて「寄附金」に当たると解するのが相当である

(4) 上告審（最一小決平成27年9月24日・TAINSコードZ265－12724）

上告不受理となっている。

(5) 評　釈

このように、本事件においては、被告側の主張を全面的に認め、

寄附金として損金の額に算入すべきでないと判示した。

本事件における概要は、新聞報道により事前に報道されていたため、おおむね予想どおりの判決になったというのが率直な印象である。

本事件が公表される前から、税理士の共通認識として、時価以外の値段で株式消却を行うことは、否認リスクが高いということは言われていた。そして、相互タクシー事件とは逆のパターンであるが、「収益」の範囲を納税者よりも広く解釈し、「控訴人が本件払戻限度超過額を収受することが旧商法の規定により許されないとしても、そのことをもって、直ちにその収益性を否定することはできない」と判示している。このような否認手法はきわめて一般的であり、それほど違和感のある判決ではない。さらに、被告の主張にもあるように、増資を行った後に無償消却を行ったことについては、増資後の有価証券評価損を否定した法人税基本通達９－１－12の趣旨に反することから、特段、裁判所の判断に問題はないと考えられる。

Ⅲ　自己株式の取得

1　低額取得をした場合

(1)　有価証券を譲渡した株主

法人の株主が、当該法人による自己株式の取得により金銭その他の資産の交付を受けた場合において、その金銭の額及び金銭以外の資産の価額の合計額が当該法人の資本金等の額のうちその交付の基因となった当該法人の株式に対応する部分の金額を超えるときは、その超える部分の金額については、みなし配当として取り扱われる(法法 24 ①五、所法 25 ①五)。

しかし、自己株式の時価が 2 億円であるにもかかわらず、1 億 5,000 万円で譲渡をした場合には、差額である 5,000 万円をどのように取り扱うべきかが問題になる。この点については、法人税法 24 条 1 項、所得税法 25 条 1 項において、「当該法人の次に掲げる事由により金銭その他の資産の交付を受けた場合において、その金銭の額及び金銭以外の資産の価額（かっこ内省略）の合計額が……」と規定しており、実際に株主に交付した金銭の額を基礎にみなし配当の計算をすることが明らかにされているため、あるべき時価よりも低額であるからといって、条文上、株主に交付した金銭の額を時価まで引き上げることは認められていない。そのため、差額である 5,000 万円をみなし配当の金額に含めることはできない。

これに対し、株主が法人である場合には、法人税法 61 条の 2 第

1項1号において、有価証券の譲渡により通常得べき対価の額により有価証券譲渡損益の計算を行うことが明らかにされていることから、時価よりも安い価額により譲渡を行った場合には、時価で譲渡を行ったものとして益金の額を計算することになる。そして、株主が個人である場合には、所得税法59条1項2号及び同法施行令169条において、時価の2分の1を下回る価額により譲渡を行った場合には、時価により譲渡を行ったものとして譲渡損益の計算を行うことが明らかにされている（措通37の10・37の11共－22）。

⑵ 既存株主

例えば、A社の株主がX氏とY氏のみである場合において、一方の株主であるX氏から時価を下回る金額によりA社が自己株式を取得した場合には、Y氏の保有するA社株式の時価が増加することから、X氏からY氏に対する贈与があったと考えるべきであり、贈与税の問題を検討する必要がある。

この点につき、相続税法基本通達9－2では、X氏が行った行為により、Y氏の保有するA社株式の時価が増加した場合には、当該増加した部分に相当する金額について、X氏からY氏に対する贈与があったものとすることが明らかにされている。すなわち、自己株式の買取りを行う前におけるY氏が保有するA社株式の時価が1億円であり、自己株式の買取りを行った結果、1億2,000万円になった場合には、X氏からY氏に対する2,000万円の贈与があったものとして、贈与税の計算を行う必要がある。

これに対し、一方又は双方の株主が法人である場合には、相続税法が適用されず、法人税法又は所得税法の問題となるが、条文上、他の株主が発行法人に対して贈与したことにより保有する株式の時価が増加したとしても、当該時価の増加に対して受贈益として課税するという規定は存在しない。すなわち、法人税法及び所得税法の体系上、これに対して課税するには、同族会社等の行為計算の否認（法法132、所法157①）を適用せざるを得ないと考えられる。

(3) 発行法人

法人税法上、時価を下回る金額で自己株式を買い取らせた場合に、自己株式を取得した発行法人において、受贈益として課税するという規定は存在しない。そのため、時価を下回る金額で自己株式を取得したとしても、当該自己株式の買取価額により資本金等の額及び利益積立金額を減額させるべきであると考えられる。

したがって、これを超えて否認しようとするのであれば、きわめて異常な取引に対してのみ、同族会社等の行為計算の否認（法法132）を適用することになると思われるが、自己株式の取得は、そもそも資本等取引であることから、どのような価額で取引を行ったとしても、発行法人の課税所得は変わらないため、同族会社等の行為計算の否認を適用してまで受贈益を課税すべきではないと考えられる。

2 高額取得をした場合

(1) 有価証券を譲渡した株主

① 株主が法人である場合

前述のように、法人の株主が、当該法人による自己株式の取得により金銭その他の資産の交付を受けた場合において、その金銭の額及び金銭以外の資産の価額の合計額が当該法人の資本金等の額のうちその交付の基因となった当該法人の株式に対応する部分の金額を超えるときは、その超える部分の金額については、みなし配当として取り扱われる。

しかし、自己株式の時価が8,000万円であるにもかかわらず、1億5,000万円で譲渡をした場合には、差額である7,000万円をどのように取り扱うべきかが問題になる。なぜならば、単純な贈与を受けたのであれば、7,000万円の受贈益が発生したにもかかわらず、このような手法を採用することで、受取配当等の益金不算入（法法23）を適用することが可能になるからである。

この点につき、相互タクシー事件を参考にすれば、発行法人から法人株主に対して交付した金銭のうち7,000万円については自己株式の取得により交付を受けた金銭ではなく、単なる贈与目的で交付した金銭であると認定することが可能になる。さらに、日本スリーエス事件を参考にすれば、本件取引により、法人株主における法人税の負担を不当に減少したと認められる場合には、同族会社等の行為計算の否認（法法132）を適用することにより、同様の否認が可能になる。

すなわち、原則として、時価を超える部分についても、みなし配当として取り扱うことができるが、一定の場合には、受贈益として取り扱われ、受取配当等の益金不算入を適用することができない可能性があるという点に留意が必要である。

②　株主が個人である場合（贈与税が課税されない場合）

これに対し、株主が個人である場合には、単純な贈与を受けたのであれば、給与所得、退職所得又は一時所得が発生したにもかかわらず、このような手法を採用することで配当所得として処理されている。この場合には、当該個人株主の所得水準にもよるものの、一般的に、配当所得として処理したからといって、給与所得、退職所得又は一時所得に比べて所得税の負担が不当に安くなることは稀であり、同族会社等の行為計算の否認（所法157①）が適用されることは稀であると考えられる。

③　株主が個人である場合（贈与税が課税される場合）

前述のように、時価よりも高い金額で自己株式を買い取らせたとしても、原則として、所得税法上、みなし配当として処理すべきであると考えられる。

しかしながら、有価証券を譲渡した者が個人であり、かつ、既存株主も個人である場合において、両者の関係が親族等に該当するときは、同族会社である発行法人を通じて、株主間贈与が行われていると考えられる。このような場合には、相続税法基本通達9－4で想定している事象と類似の事象が生じていることから、時価を超える部分について、譲渡人である個人に対して贈与税を課すべきであると考えられる。

また、その場合には、所得税と贈与税の二重課税になるのではないかという疑問が生じるが、所得税法9条1項17号では、個人からの贈与により取得するもの（相続税法の規定により個人からの贈与により取得したものとみなされるものを含む）については、所得税が課されないことが明らかにされている。

すなわち、買取りの対象となる自己株式の時価が8,000万円であり、買取りの対象となる自己株式に対応する資本金等の額が500万円である場合において、買取価額が1億5,000万円であるときは、1億4,500万円をみなし配当として取り扱うのではなく、7,000万円が贈与税の課税対象となり、7,500万円が所得税（配当所得）の課税対象となると考えられる。

(2) 既存株主

そのほか、本件取引は、既存株主から有価証券を譲渡した者に対する贈与が行われていると考えることもできることから、既存株主における租税法上の取扱いについても検討が必要になる。

この点については、オウブンシャ・ホールディング事件を参考にすれば、既存株主が法人である場合には、このような経済的価値の移転につき、無償による資産の譲渡その他の取引があったものとして課税することも考えられる（法法22②)。ただし、このような否認は、既存株主が発行法人を支配している場合のように、誰に対してどのような条件で自己株式を買い取るのかを自由に決定できる立場にある場合に限定されると考えられる。すなわち、既存株主のうち少数株主については、このような否認をすべきではない。

これに対し、既存株主が個人である場合には、法人税法22条2項に相当する規定がないことから、同族会社等の行為計算の否認（所法157①）が適用される場合に限り、みなし譲渡益が課税されると考えられる。

(3) 発行法人

前述のように、発行法人では、時価がいくらであるかにかかわらず、当該自己株式の買取価額により資本金等の額及び利益積立金額を減額させるべきであると考えられる。

なお、時価よりも高い金額で自己株式を取得した場合には、同族会社等の行為計算の否認（法法132）を適用することにより、寄附金として処理すべきという考え方もあり得るが、寄附金の認定を行ったとしても、資本金等の額が変わるだけであり、法人税法上の課税所得は増えないため、同族会社等の行為計算の否認の適用は困難であると考えられる。

Ⅳ　非適格合併

1　被合併法人の課税関係

非適格合併を行った場合には、被合併法人の資産及び負債を合併の時の時価で譲渡し、対価として合併法人株式その他の資産（以下、本章において「合併対価資産」という）をその時の時価により取得し、直ちに、当該合併対価資産を被合併法人の株主に対して交付したものとして取り扱う（法法62①）。具体的には、図表4－1を参照されたい。

■図表4－1　非適格合併における取引図

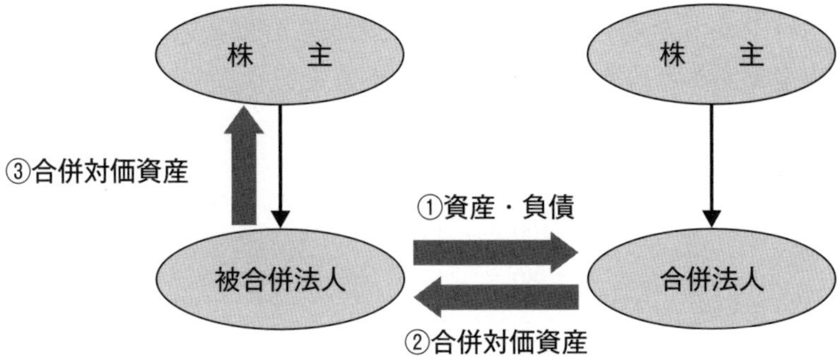

すなわち、一般的には、被合併法人から合併法人に移転した資産及び負債の価額（のれんを含む）と合併対価資産の価額は等価であ

るものとして処理を行う。しかし、合併比率を調整することにより、必ずしも等価交換にならないようなケースも考えられる。そのような場合において、実際に交付された合併対価資産の価額により譲渡収入の金額の計算を行ってしまうと、被合併法人の譲渡損益が適正に計算されないという問題が生じる。

この点につき、後述するように、合併法人側の資産調整勘定及び差額負債調整勘定の計算上、合併対価資産につき、被合併法人と合併法人との間の寄附金の額に相当する金額を寄附金又は受贈益として調整することにより、適正に資産調整勘定又は差額負債調整勘定を計算するための規定が設けられている（法法62の8①・③）。

そのため、被合併法人の資産及び負債の合併時の時価と比較して合併法人から合併の対価として受け取った合併対価資産が過少である場合には、被合併法人の資産及び負債の合併時の時価と合併対価資産の合併時の時価との差額を寄附金として処理することにより、譲渡損益の計算を行う必要がある。

すなわち、被合併法人の資産及び負債の価額に相当する適正な合併比率に基づいて交付すべき合併対価資産の合併時の価額が100であるにもかかわらず、80の価値に相当する合併対価資産の交付しか受けなかった場合には、被合併法人から合併法人に対する20の寄附金があるものとして譲渡損益の計算を行うことになる。

【被合併法人の仕訳】

(借)	諸負債	100	(貸)	諸資産	130
	合併法人株式	80		合併譲渡利益	70
	寄附金	20			

これに対し、適正な合併比率に基づいて交付すべき合併対価資産の合併時の価額が100であるのに対し、150の価値に相当する合併対価資産を交付した場合には、50の受贈益が発生するが、これを

合併譲渡利益と区分して、受贈益として処理したとしても、法人による完全支配関係がある場合を除き、課税所得の金額は変わらないため、この場合には特段の調整は不要である。

2 合併法人の課税関係

(1) 不平等な合併比率で合併を行った場合

非適格合併を行った場合において、合併法人において資産調整勘定を認識したときは、当該資産調整勘定の取崩しにより、将来の課税所得を圧縮することができる。しかし、単なる差額概念として計算されることから、一部では、資産調整勘定として処理することにより、将来の課税所得を圧縮させることがなじまないものもある。このような場合には、寄附金又は資産等超過差額として処理する必要がある。

すなわち、法人税法62条の8第1項では、合併法人が合併により交付した合併法人株式その他の資産の価額の合計額には、被合併法人から支出を受けた寄附金の額に相当する金額を含み、被合併法人に対して支出をした寄附金の額に相当する金額を除くことが明らかにされている。そのため、あるべき合併比率に基づいて交付すべき合併対価資産の時価が100であるにもかかわらず、80の価値に相当する合併対価資産しか交付しなかった場合には、被合併法人から合併法人に対する20の寄附金があるものとして「合併法人が合併により交付した合併法人の株式その他の資産の価額の合計額」に加算され、あるべき合併比率に基づいて交付すべき合併対価資産の時価（100）を基礎に資産調整勘定の計算を行うことになる。

しかしながら、増加した資産調整勘定に相当する金額（20）に対して、貸方側でどのように処理すべきかが問題になる。なぜならば、資産調整勘定の計算では、寄附金相当額の調整計算についての規定があるが（法法62の8①）、資本金等の額の計算では「当該合併に係る被合併法人の株主等に交付した当該法人の株式、金銭並びに当該株式及び金銭以外の資産並びに法第24条第2項の規定により抱合株式に対して交付されたものとみなされるこれらの資産の価額の合計額（法令8①五イ）」を基礎に計算することとされており、寄附金相当額の調整計算についての規定が存在せず、かつ、非適格合併であることから利益積立金額を増加させることもできないからである（法令9①二参照）。

この点については、被合併法人から合併法人に対する寄附金相当額を合併法人において益金の額として処理すべきであろう。すなわち、合併による資本金等の額の増加は資本等取引に該当するが（法法22⑤）、合併法人が被合併法人から移転を受けた資産及び負債の時価純資産価額のうち、対価として交付した合併対価資産の時価を超える部分の金額は、「無償による資産の譲受け」に類する行為があると考えられることから、益金の額に算入する必要がある（法法22②）。

【合併法人】

（借）	諸　資　産	130	（貸）	諸　負　債	100
	資産調整勘定	70		資本金等の額	80
				受　贈　益	20

これに対して、150の価値に相当する合併対価資産を交付した場合には、合併法人から被合併法人に対する50の寄附金があるものとして、合併法人が合併により交付した合併法人株式その他の資産の価額の合計額から減算されるため、あるべき合併比率に基づいて交付すべき合併対価資産の時価（100）を基礎に資産調整勘定の計算を行うことになる。

【合併法人】

(借)	諸資産	130	(貸)	諸負債	100
	資産調整勘定	70		資本金等の額	150
	寄附金	50			

(2) 合併比率の算定基準日から合併の日までの間に時価が増減した場合

なお、合併比率の算定基準日から合併の日までの間に対価として交付した合併対価資産の時価や被合併法人の時価純資産価額が増減することにより、結果的に不平等な合併比率になってしまうこともある。そのため、このようなものまで寄附金として処理すべきか否かが問題になる。

この点につき、後述する資産等超過差額の制度趣旨として、『平成18年版　改正税法のすべて』368頁では、「すなわち、その対価である株式の価額が異常に高騰した場合に、移転資産の価額もそれに見合って異常に高騰しているとは考え難いということです。そこで、このような場合に、その異常な部分についてまで5年間で償却すべき資産調整勘定の金額とすべきであるかというと、資産としての扱いまでを否定しないものの資産調整勘定の金額とは異なった取扱いとすることとされたものです（下線加筆）」と解説されている。すなわち、「対価として交付した合併対価資産の時価」が異常に高騰した場合であっても「資産としての扱いまでを否定しない」としていることから、異常でない時価の増減を「資産としての扱いを否定」して寄附金として処理すべきではない。そのため、合併比率の算定基準日から合併の日までの間に対価として交付した合併対価資産の時価や被合併法人の時価純資産価額が増減することにより、結果的に不平等な合併比率になってしまったとしても、積極的に寄附金として処理する必要はなく、原則として、資産調整勘定として処理すべきであると考えられる。

(3) 資産等超過差額

条文上、下記のような場合には、資産調整勘定としてなじまないことから、その一部の金額を資産等超過差額として処理することにより、将来の課税所得の圧縮をすることができないことが明らかにされている（法令123の10④・⑥、法規27の16①）。

① 合併により交付する合併対価資産が約定日から合併の日までの間に異常に高騰した場合

② 被合併法人の欠損金額相当額を資産調整勘定として処理するという租税回避が行われている場合

① 合併により交付する合併対価資産が約定日から合併の日までの間に異常に高騰した場合

資産調整勘定の計算の仕組みは、移転資産とその対価が等価のものとして合理的に成り立っていることが前提となっている。また、法人税法上は合併の日における合併対価資産の時価を基礎に資産調整勘定の計算を行うこととされている。そのため、約定日から合併の日までの間に合併により交付する合併対価資産の時価が異常に高騰した場合には、資産調整勘定の金額も増加することになる。

しかし、合併の対価である合併対価資産の時価が異常に高騰したからといって、被合併法人から移転を受ける事業の価値も同時に増加するとは考えにくく、そのような部分に対して、資産調整勘定としての償却を認めるべきか否かという問題が生じる。

そのため、法人税法施行規則27条の16第1項1号では、合併により交付した合併対価資産の合併の日における価額が、約定日の価額の2倍を超える価額になっている場合には、以下のいずれかの部分の金額を資産調整勘定として処理せず、資産等超過差額として処理することが明らかにされている。

(イ)　合併の対価として交付した合併対価資産の合併の日における価額から当該非適格合併により移転を受けた事業の価値に相当する金額として当該事業により見込まれる収益の額を基礎として合理的に見積もられる金額（DCF 法などによる評価額）を控除した金額

(ロ)　合併により交付した合併対価資産の合併の日における価額から約定日の価額と移転を受けた個別資産及び負債の時価純資産価額のいずれか大きい金額を控除した金額

しかし、これはあくまでも合併法人側の処理によるものであるため、被合併法人における譲渡損益は、当該異常に高騰した合併対価資産の時価を基礎に計算する必要がある。

②　被合併法人の欠損金額相当額を資産調整勘定として処理するという租税回避が行われている場合

平成 18 年度改正前法人税法においても、営業権の金額を不当に高く評価することによって、被合併法人の欠損金額を合併法人の営業権として処理するという租税回避が行われ、税務上、問題とされていた。

そのため、それを防止するために、資産調整勘定の金額が合併により移転を受ける事業により見込まれる収益の額の状況その他の事情からみて実質的に当該合併に係る被合併法人の欠損金額に相当する部分からなると認められる場合には、その部分の金額について資産等超過差額として処理することが明らかにされている。

しかし、前述のように、合併法人が対価として交付した合併対価資産の合併の時の時価が移転を受ける被合併法人の事業価値に比べて不当に大きい場合には、その差額を合併法人から被合併法人に対する寄附行為があったものとして取り扱うことが明らかとされており、条文構成上、寄附金の規定が資産等超過差額の規定に優先するため、ほとんどのケースにおいて寄附金として処理されてしまい、資産等超過差額として処理されるケースはそれほど多くはないと考えられる。

3 株主の課税関係

オウブンシャ・ホールディング事件で解説したように、第三者割当増資を行う場合において、有利発行又は高額引受けを行った場合には、株主間贈与の問題が生じるため、法人税、所得税又は贈与税の課税関係が生じる可能性がある。

すなわち、時価と異なる合併比率により合併を行った場合も同様に、合併法人の主要株主が個人であり、かつ、被合併法人の主要株主が個人である場合において、これらの者が親族等に該当するときは、贈与税の問題が生じる（相基通9－2、9－4）。

これに対し、贈与税の課税対象にならない場合（一方又は双方の株主が法人である場合）において、どのように株主間贈与の問題を整理するのかが問題になる。なぜなら、前述のように、非適格合併に該当する場合には、合併法人と被合併法人との間の贈与関係として処理されているからである。

もちろん、被合併法人の株主に対して、1億円の金銭を交付すべきところ、3億円の金銭を交付した場合のように、被合併法人の株主にとって有利な合併比率である非適格合併を行った場合には、被合併法人の株主では、みなし配当の金額が2億円増加し、受取配当等の益金不算入（個人の場合には、配当控除）の適用を受けることができるため、みなし配当ではなく、受贈益として処理すべきであるという考え方もあり得る。しかしながら、被合併法人において、合併譲渡利益が2億円増加していることから、被合併法人の株主において発生するみなし配当は、被合併法人において課税済みの利益であることに疑いはなく、二重課税を排除しようとする受取配当等の益金不算入、配当控除の制度趣旨には反していない。

そのため、贈与税の課税対象になる場合を除き、合併比率が不平等であったとしても、被合併法人の株主、合併法人の株主において課税関係を生じさせるべきではないと考えられる。

V　適格合併

1　被合併法人及び合併法人の課税関係

前述のように、非適格合併を行った場合において、合併比率が時価と異なるときは、被合併法人及び合併法人において寄附金又は受贈益として処理される（法法62①、62の8①、法令8①五）。

これに対し、適格合併を行った場合には、被合併法人から合併法人に対して、資産及び負債を被合併法人の最後事業年度終了の時の帳簿価額で引き継ぐことから、このような寄附金及び受贈益の問題は生じない（法法62の2①、法令8①五、9①二、123の3①・③）。

この点につき、被合併法人及び合併法人において課税関係を生じさせるために、法人税法22条2項を根拠としたとしても、「内国法人の各事業年度の所得の金額の計算上当該事業年度の益金の額に算入すべき金額は、別段の定めがあるものを除き、資産の販売、有償又は無償による資産の譲渡又は役務の提供、無償による資産の譲受けその他の取引で資本等取引以外のものに係る当該事業年度の収益の額とする」と規定されており、適格合併に係る諸規定は、本項における「別段の定め」に該当することから、包括的租税回避防止規定（法法132の2）を適用しない限り、課税関係を生じさせることはできない。

また、包括的租税回避防止規定を適用するのであれば、法人税法62条の2に規定する適格合併における被合併法人の譲渡損益の計算が、同法62条に規定する非適格合併における被合併法人の譲渡損益の計算を修正する形で規定されていることから、適格合併に該当する場合であっても、合併法人と被合併法人との間における寄附金又は受贈益として処理すべきであるという考え方もあり得る。

しかしながら、移転資産に対する支配が継続しているという理由により適格合併として処理することから、合併比率が適正か否かという点につき、被合併法人及び合併法人における課税所得の計算には影響を与えさせるべきではなく、このような合併比率が不適正であったことによる課税上の問題点は、後述するように、株主間贈与の問題として捉え、贈与を行った株主においてみなし譲渡益課税、贈与を受けた株主において受贈益課税を認識させるべきである。すなわち、事実認定や包括的租税回避防止規定に基づく修正は、あくまでも法人税の負担を不当に減少させた事実関係がある者（合併当事者の株主）に限って行われるべきであり、法人税の負担を減少させた事実関係のない者（合併当事会社）に対して、安易に課税所得の修正を要求すべきではないと考えられる。

2　株主の課税関係

前述のように、時価と異なる合併比率により合併を行った場合であっても、被合併法人及び合併法人における課税所得の計算には影響を与えない。そのため、その株主における課税関係を検討する必要がある。

すなわち、時価と異なる合併比率により合併を行った場合において、合併法人の主要株主が個人であり、かつ、被合併法人の主要株主が個人であるときに、これらの者が親族等に該当するのであれば、贈与税の問題が生じる（相基通９－２、９－４）。

これに対し、オウブンシャ・ホールディング事件で解説したように、贈与税の課税対象にならない場合（一方又は双方の株主が法人である場合）において、贈与を受けた側において受贈益、贈与をした側においてみなし譲渡益を認識すべきかどうかが問題となる。すなわち、受贈益を認識するためには、法人税法22条2項に規定する「無償による資産の譲受けその他の取引」に該当するかどうかが問題となり、みなし譲渡益を認識するためには「無償による資産の譲渡……その他の取引」に該当するかどうかが問題となる。しかしながら、適格合併に係る諸規定は、本項における「別段の定め」に該当することから、包括的租税回避防止規定（法法132の2）を適用しない限り、課税関係を生じさせることはできない。また、受贈益又はみなし譲渡益を認識するのが個人である場合には、所得税法において、法人税法22条に相当する規定がないことから、なおさら包括的租税回避防止規定（所法157④）によらざるを得ない。

しかしながら、時価と異なる合併比率により合併を行った場合には、法人税又は所得税の負担をせずに、株主間で財産的価値の移転をしていることから、法人税又は所得税の負担を不当に減少させていると考えられるため、包括的租税回避防止規定を適用することは可能であると考えられる。

そのため、適格合併の制度を濫用することにより株主間贈与が行われていると認定された場合には、包括的租税回避防止規定が適用される可能性があると考えられる。

Ⅵ　その他の組織再編

1　分割型分割

合併と同様に、時価と異なる分割比率による分割型分割を行った場合において、非適格分割型分割に該当するときは、分割法人及び分割承継法人において受贈益及び寄附金を認識し、適格分割型分割に該当するときは、その株主において受贈益及びみなし譲渡益を認識すべきである。

しかしながら、非適格分割型分割のうち、分割法人の分割の直前において行う事業及び当該事業に係る主要な資産又は負債のおおむね全部が分割承継法人に移転するものと認められない場合には、法人税法62条の8の適用を受けない（法令123の10①）。その場合には、増加資本金等の額を分割により受け入れた資産及び負債の時価純資産価額を基礎に計算を行うため（法令8①六）、時価と異なる分割比率であったとしても、分割承継法人において受贈益又は寄附金を認識することはできない。そのため、時価と異なる分割比率により、法人税法62条の8の適用を受けない非適格分割型分割を行った場合には、分割承継法人の株主において受贈益及びみなし譲渡益を認識すべきであると考えられる。

2　株式交換等・移転

現金交付型株式交換を行った場合には、株式交換完全親法人が取得した株式交換完全子法人株式の取得価額は、その取得の時におけるその有価証券の取得のために通常要する価額により計算を行う（法令119①二十七）。そして、法人税法施行令8条1項10号において、株式交換により移転を受けた株式交換完全子法人株式の取得価額から株式交換完全子法人の株主に交付した金銭その他の資産の価額の合計額を減算した金額を増加資本金等の額として計算することが明らかにされている。

そのため、株式交換完全親法人が取得した株式交換完全子法人株式の取得価額（＝時価）が20億円であり、株式交換完全子法人の株主に交付した金銭等の額が5億円である場合には、差額の増加資本金等の額が15億円になる。

【株式交換完全親法人】

（借）子法人株式	20億円	（貸）現金預金		5億円
			資本金等の額	15億円

すなわち、条文を文理解釈する限り、時価よりも安い対価で株式交換完全子法人株式を取得したとしても、株式交換完全親法人では、資本金等の額の増減項目として取り扱われるに過ぎず、何ら課税関係が生じない。

そのため、時価と異なる交換比率で株式交換を行った場合には、株式交換完全親法人の株主と株式交換完全子法人の株主との間の株主間贈与の問題として捉えるべきであると考えられる。そして、時価と異なる移転比率で株式移転を行った場合にも同様の取扱いになる（法令8①十一）。さらに、適格株式交換・移転を行った場合にも、完全親法人において寄附金及び受贈益を認識することができないため、同様の取扱いになる。

これに対し、時価と異なる価額でスクイーズアウトを行ったとしても、株式交換等完全親法人の資本金等の額は増減しないことから、株式交換等完全親法人において、寄附金及び受贈益の問題が生じるため、法人税法及び所得税法上、株式交換等完全親法人の株主において、みなし譲渡益又は受贈益を認識する必要はない。しかしながら、株式交換等完全親法人の株主が個人であり、かつ、株式交換等完全子法人の株主が個人である場合において、株式交換等完全子法人の株主から株式交換等完全親法人の株主に対する贈与があると認められるときは、相続税法基本通達9－2により、株式交換等完全親法人の株主において、贈与税が生じる可能性があるため、留意が必要である。

3　現物出資・分社型分割

(1)　非適格現物出資・非適格分社型分割

①　現物出資法人・分割法人

非適格現物出資により被現物出資法人株式を取得した場合において、当該被現物出資法人株式の時価に比して有利な金額（有利発行）であるときは、交付を受けた被現物出資法人株式の取得の時における時価に基づいて被現物出資法人株式の取得価額を算定することから（法令119①四）、取得の時における時価と発行価額との差額は受贈益として取り扱われる。

そのため、受け入れた土地の簿価が20、時価が100であるのに対し、時価150に相当する被現物出資法人株式を交付したのであれば、交付を受ける被現物出資法人株式の取得価額は150になる。

【有利発行の場合】

（借）	株　　　　式	150	（貸）	土　　　　地	20
				譲　渡　益	80
				受　贈　益	50

これに対し、通常要する価額に比して不利な金額（高額引受け）であるときは、被現物出資法人株式の取得の時における時価に基づいて被現物出資法人株式の取得価額を算定するのではなく、給付をした金銭以外の資産の価額により被現物出資法人株式の取得価額を算定する（法令119①二）。

そのため、受け入れた土地の簿価が20、時価が100であり、時価70に相当する被現物出資法人株式を交付している場合には、交付を受ける被現物出資法人株式の取得価額は100になる。ただし、下記のA社株式（100）のうち、交付を受けたA社株式の時価（70）との差額について、寄附金として処理するという考え方もあり得るため、留意されたい。

【高額引受けの場合】

（借）	A 社 株 式	100	（貸）	土　　　　地	20
				譲　渡　益	80

これに対し、非適格分社型分割を行った場合には、交付を受けた分割承継法人株式の取得の時における時価に基づいて分割承継法人株式の取得価額を算定することから（法令119①二十七）、上記とは異なる仕訳となる。

【有利発行の場合】

(借) 株　　式	150	(貸) 土　　地	20
		譲 渡 益	80
		受 贈 益	50

【高額引受けの場合】

(借) 株　　式	70	(貸) 土　　地	20
寄 附 金	30	譲 渡 益	80

②　被現物出資法人・分割承継法人

被現物出資法人では、本件現物出資が法人税法62条の8の適用を受ける非適格現物出資であれば、同法施行令8条1項9号により、増加する資本金等の額が「現物出資法人に交付した当該法人の株式の当該非適格現物出資の時の価額」と規定されており、かつ、非適格現物出資により移転を受けた資産（のれんを含む）及び負債の取得価額は、非適格合併と同じ処理になることから、有利発行の場合には寄附金を計上し、高額引受けの場合には受贈益を認識すべきであると考えられる。これは、法人税法62条の8の適用を受ける非適格分社型分割であっても同様である（法令8①七）。

しかし、法人税法62条の8の適用を受けない非適格現物出資である場合には、有利発行、高額引受けともに同法施行令8条1項1号により、増加する資本金等の額が「給付を受けた金銭以外の資産の価額」と規定されている。そして、非適格現物出資により移転を受けた個別資産及び負債の取得価額は、非適格現物出資の時の時価となることから、貸借が一致するため、受贈益や寄附金を認識する余地がない。これは、法人税法62条の8の適用を受けない非適格分社型分割であっても同様である（法令8①七）。

【具体例】

(イ) 交付した被現物出資法人株式の時価が150であり、給付を受けた現物出資財産の時価が100である場合

ⓐ 法人税法62条の8適用

（借）	資　　産	100	（貸）	資本金等の額	150
	寄 附 金	50			

ⓑ 法人税法62条の8不適用

（借）	資　　産	100	（貸）	資本金等の額	100

(ロ) 交付した被現物出資法人株式の時価が70であり、給付を受けた現物出資財産の時価が100である場合

ⓐ 法人税法62条の8適用

（借）	資　　産	100	（貸）	資本金等の額	70
				受 贈 益	30

ⓑ 法人税法62条の8不適用

（借）	資　　産	100	（貸）	資本金等の額	100

③ 既存株主

このように、非適格現物出資（法法62の8不適用に限る）を行った場合において、時価と異なる価額により被現物出資法人株式を発行したとしても、被現物出資法人において、寄附金及び受贈益は発生しない。

そのため、租税回避に該当する場合には、被現物出資法人の既存株主において、みなし譲渡益又は受贈益課税を課すべきであるという議論が生じる可能性もある。

この議論は、法人税法62条の8の適用を受けない非適格分社型分割であっても同様である。

⑵　適格現物出資・適格分社型分割

前述のように、非適格分社型分割（法法62の8の適用がある場合に限る）を行った場合において、分割比率が時価と異なるときは、分割法人及び分割承継法人において寄附金又は受贈益として処理される（法法62①、62の8①、法令119①二十七、8①七）。

これに対し、適格分社型分割を行った場合には、分割法人が取得をした分割承継法人株式の取得価額は、適格分社型分割の直前の移転した資産及び負債の帳簿価額を基礎に算定し（法令119①七）、分割承継法人で増加する資本金等の額も、適格分社型分割の直前の移転を受けた資産及び負債の帳簿価額を基礎に算定する（法令8①七ニ）。

そのため、適格分社型分割を行った場合には、時価と異なる分割比率により分割承継法人株式の交付を受けたとしても、分割法人及び分割承継法人において寄附金又は受贈益を生じさせる規定は存在しない。

この点につき、分割法人又は分割承継法人において課税関係を生じさせるために、法人税法22条2項を根拠としたとしても、「内国法人の各事業年度の所得の金額の計算上当該事業年度の益金の額に算入すべき金額は、別段の定めがあるものを除き、資産の販売、有償又は無償による資産の譲渡又は役務の提供、無償による資産の譲受けその他の取引で資本等取引以外のものに係る当該事業年度の収益の額とする」と規定されており、適格分社型分割に係る諸規定は、本項における「別段の定め」に該当することから、包括的租税回避防止規定（法法132の2）を適用しない限り、課税関係を生じさせることはできない。

また、包括的租税回避防止規定を適用するのであれば、法人税法62条の3に規定する適格分社型分割を行った場合における分割法人の譲渡損益の計算が、同法62条に規定する非適格分社型分割を行った場合における分割法人の譲渡損益の計算を修正する形で規定されていることから、適格分社型分割に該当する場合であっても、分割法人と分割承継法人との間における寄附金又は受贈益として処理すべきであるという考え方もあり得る。

しかしながら、移転資産に対する支配が継続しているという理由により適格分社型分割として処理することから、分割比率が適正か否かという点につき、分割承継法人における課税所得の計算に影響を与えさせるべきではなく、このような分割比率が不適正であったことによる課税上の問題点は、分割承継法人株式を取得する分割法人と、分割承継法人の既存株主との間の株主間贈与の問題として捉えるべきであると考えられる。すなわち、事実認定や包括的租税回避防止規定に基づく修正は、あくまでも法人税の負担を不当に減少させた事実関係がある者（分割法人、分割承継法人の既存株主）に限って行われるべきであり、法人税の負担を減少させた事実関係のない者（分割承継法人）に対して、安易に課税所得の修正を要求すべきではないと考えられる。

なお、この取扱いは、適格現物出資を行った場合についても同様である。

第５章
非上場株式の時価

第４章で解説したように、実務上は、時価以外の価額で取引を行った場合にどのような取扱いになるのかが議論になることがある。そして、時価以外の価額で株式の取引が行われる事案のほとんどは非上場株式であることから、そもそも非上場株式の評価をどのように行うのかが問題になる。

本章では、非上場株式の時価について解説を行うこととする。

Ⅰ　概　　要

まず、租税法では、低廉譲渡が行われた場合の課税関係が問題となる。むろん、M&Aのように、利害の対立する第三者間の売買であれば、租税法上も時価として取り扱うことが一般的である[注1]。しかし、親族、従業員、取引先等との売買であれば、お手盛りによる価額で取引を行うことも考えられるため、低廉譲渡が行われやすい。そのため、第三者間取引と認められない場合は、租税法上の問題が生じないように、財産評価基本通達に定める評価額で売買されることが少なくない。

租税法上、譲渡人、譲受人が個人であるのか、法人であるのかにより適用される法律が異なる。まず、譲渡人と譲受人の双方が個人である場合には、取引価額が時価を下回る部分の金額について、譲受人において贈与税が課されるかどうかが問題となる（相法7）。これに対し、譲渡人では取引価額が時価を下回ったとしても、実際の取引価額を収入金額として譲渡所得の計算を行う。そして、支配株主から従業員や取引先に対して少数株主にとっての株式価値で譲渡をしたとしても、譲受人である従業員や取引先にとっては少数株主にとっての株式価値が時価であることから、贈与税の問題は生じない[注2]。しかし、少数株主に対して譲渡した株式を支配株主が買い戻す場合において、少数株主にとっての株式価値を取引価額としてしまうと、譲受人である支配株主において贈与税が課される[注3]。このように、少数株主にとっての株式価値により取得した者又はその相続人から買い戻す場合であっても、支配株主にとっての株式価値を取引価額としないと贈与税が課されてしまうという問題がある。

次に、譲渡人が個人であり、譲受人が法人である場合には、譲受人である法人で生じる受贈益に対して法人税が課されるかどうかが問題となる（法法 22 ②）。さらに、譲受人も個人である場合と異なり、時価の２分の１に満たない価額で譲渡を行ったときは、時価で譲渡を行ったものとみなして、譲渡人である個人において譲渡所得として課税される（所法 59 ①二、所令 169）。なお、同族会社等の行為計算の否認が適用される場合には、時価の２分の１以上の価額で譲渡を行ったときであっても、時価で譲渡を行ったものとみなして譲渡所得を認識する必要がある（所基通 59 － 3）。

そして、譲渡人が法人であり、譲受人が個人である場合には、譲受人である個人で生ずる受贈益に対して所得税が課されるかどうかが問題となる（所法 36 ①）。さらに、譲渡人が個人である場合と異なり、時価の２分の１以上の価額で譲渡を行ったときであっても、譲渡人である法人における法人税の計算上、時価で譲渡を行ったものとみなして譲渡損益を認識する必要がある（法法 61 の 2 ①一）。

最後に、譲渡人と譲受人の双方が法人である場合には、前述のように、譲受人で生ずる受贈益、譲渡人で生ずるみなし譲渡益に対して、それぞれ法人税が課される。

このように、譲渡人、譲受人が個人であるのか、法人であるのかにより適用される法律が異なる。もっとも、財産評価基本通達は相続税法の通達であり、法人税法及び所得税法の通達ではない。そのため、後述するように、法人税基本通達及び所得税基本通達において、それぞれ財産評価基本通達を準用することができる旨が定められている。

（注１） 髙橋正朗『法人税基本通達逐条解説　十訂版』852 頁（税務研究会出版局、令和３年）、樫田明ほか『令和３年版　所得税基本通達逐条解説』760 頁（大蔵財務協会、令和３年）、森富幸『取引相場のない株式の税務　第４版』125 頁（日本評論社、平成 30 年）、佐藤信祐・

松村有紀子『企業買収・グループ内再編の税務』63頁（中央経済社、平成22年）。

（注２） 森前掲（注１）151頁、牧口晴一・齋藤孝一『非公開株式譲渡の法務・税務　第７版』247頁（中央経済社、令和３年）。

（注３） 森前掲（注１）152頁、牧口ほか前掲（注２）248－249頁。

Ⅱ　相続税法上の時価

財産評価基本通達では、原則的評価方式として同通達 178 ～ 187 に定めるとともに、同族株主以外の株主等が取得した株式に対しては同通達 188 ～ 188 － 2 において特例的評価方式を用いることを認めている。このうち、原則的評価方式は支配株主にとっての株式価値を評価する方法であり、特例的評価方式は少数株主にとっての株式価値で評価する方法であるといえる。そして、支配株主に該当するのか、少数株主に該当するのかは、贈与を受けた側の贈与直後の状態で判定される(注)。なお、同通達 189 ～ 189 － 7 では、「特定の評価会社の株式」として、①比準要素数 1 の会社の株式、②株式等保有特定会社の株式、③土地保有特定会社の株式、④開業後 3 年未満の会社等の株式、⑤開業前又は休業中の会社の株式、⑥清算中の会社の株式が定められている。

このうち、原則的評価方式は、発行会社の規模に応じて、大会社、中会社及び小会社に区別されており（財基通 178)、具体的な評価方法として、類似業種比準方式、純資産価額方式及び折衷方式がそれぞれ定められている（財基通 179 ～ 186 － 3)。

そして、大会社では、類似業種比準方式と純資産価額方式のいずれか低い評価額で評価し、中会社、小会社では、折衷方式と純資産価額方式のいずれか低い評価額で評価することになる（財基通 179)。なお、折衷方式は、類似業種比準方式と純資産価額方式の折衷により算定されるが、規模が大きくなればなるほど、類似業種比準方式の折衷割合が大きくなるように定められている。

ただし、財産評価基本通達 6 項において、この通達の定めによって評価することが著しく不適当と認められる財産の価額は、国税庁長官の指示を受けて評価する旨が定められているという点に留意が必要である。

（注） 櫻井元博『令和３年版　株式・公社債評価の実務』123 － 124 頁（大蔵財務協会、令和３年）。

Ⅲ　法人税法上の時価

法人税法では、法人税基本通達２－３－４により準用される同通達4－1－5、4－1－6において譲渡人の取扱いが定められている。なお、譲受人の取扱いを直接的に定めた通達はないが、他に適用する通達もないため、実務上、同通達が準用されている。

法人税基本通達4－1－5では、(イ)6か月以内の売買事例があるもの、(ロ)公開途上にあるもの、(ハ)類似会社のあるもの、(ニ)それ以外に分けた上で、同通達4－1－6では、(ハ)、(ニ)の代わりとして、課税上弊害がない限り、財産評価基本通達に定める原則的評価方式、特例的評価方式によって算定することを認めている。ただし、下記の修正を行うことを原則としている。

① 原則的評価方式による場合には小会社に該当するものとして評価を行う。そのため、折衷割合を１対１とした折衷方式と純資産価額方式のいずれか低い評価額で評価を行うことになる。なお、折衷方式による場合における類似業種比準価額の計算上、比準価額に、大会社であれば0.7、中会社であれば0.6、小会社であれば0.5を乗じることになる(注1)。

② 土地（土地の上に存する権利を含む）又は上場有価証券を有している場合には、算定基準日の時価による必要がある。そのため、土地の評価において路線価を利用することはできないし、上場有価証券の評価において財産評価基本通達169(1)にあるような「最終価格の月平均額」を用いることはできない。

③ 純資産価額方式の評価に当たり、財産評価基本通達186－2により計算した評価差額に対する法人税額等に相当する金額を控除

することはできない。

上記のほかは、原則として、財産評価基本通達に定めるところにより評価を行うことができるため、同族株主以外の株主については、特例的評価方式を適用することができるし、議決権割合が50％以下のグループに属する株主の有する株式については、時価純資産価額の80％により純資産価額方式による評価額とすることができる(注2)。ただし、令和2年9月30日に公表された「『所得税基本通達の制定について』の一部改正について（法令解釈通達）の趣旨説明（資産課税課情報第22号）」5－7頁では、評価会社が保有する非上場株式の評価においても、評価会社の子会社を小会社とみなし、かつ、当該子会社が保有する土地等及び有価証券を時価で評価すべきことが明らかにされたため、常に財産評価基本通達に定めるところにより評価を行うわけではない。

なお、所得税基本通達59－6⑴では、「財産評価基本通達188の⑴に定める『同族株主』に該当するかどうかは、株式を譲渡又は贈与した個人の当該譲渡又は贈与直前の議決権の数により判定すること」と規定されているのに対し、法人税基本通達2－3－4及び4－1－5ではその旨が規定されていない。

そのため、後述する一物二価の考え方、すなわち、譲渡人にとっての時価により譲渡人の課税関係を検討し、譲受人にとっての時価により譲受人の課税関係を検討する立場が容認されたとしても、支配株主の議決権比率が減少し、少数株主になる場合において、いずれの方式で評価を行うかについて、譲渡前の議決権比率で判定を行うのか、譲渡後の議決権比率で判定を行うのかが問題となる。

この点については、所得税と法人税は、いずれも所得に対して課税する税金であることから、原則的評価方式により評価するのか、特例的評価方式により評価するのかという基本的な取扱いを変えるべきではないと考えられる。

そのため、譲渡人において、低廉譲渡に該当するかどうかの判断では、譲渡前の議決権比率で判定し、譲受人において、受贈益を認識するかの判断では、取得後の議決権比率で判定すべきであると考えられる。これに対し、東京高判平成30年7月19日・TAINSコードZ888－2198では、「租税法規の解釈は原則として文理解釈によるべきであり、みだりに拡張解釈や類推解釈を行うことは許されないと解されるところ、所得税基本通達及び評価通達は租税法規そのものではないものの、課税庁による租税法規の解釈適用の統一に極めて重要な役割を果たしており、一般にも公開されて納税者が具体的な取引等について検討する際の指針となっていることからすれば、課税に関する納税者の信頼及び予見可能性を確保する見地から、上記各通達の意味内容についてもその文理に忠実に解釈するのが相当であり、通達の文言を殊更に読み替えて異なる内容のものとして適用することは許されないというべきである」としている(注3)。

この考え方を採用するのであれば、譲渡人において、低廉譲渡に該当するか否かについて、法人税基本通達において何ら規定されていないのであれば、譲渡後の議決権比率で判定すべきであるということになりかねない。しかし、そのように解するのであれば、既存の支配株主から新しい支配株主への譲渡（すなわち経営権の移転）において、特例的評価方式により譲渡価額を算定したときに、既存の支配株主で低廉譲渡に該当しないという明らかにおかしな結論になる。

そのため、所得税法基本通達と同様に、譲渡直前の議決権の数により判定する旨を法人税基本通達２－３－４に規定すべきであると考えられる。

（注１） 国税庁資産課税課「『所得税基本通達の制定について』の一部改正について（法令解釈通達）」の趣旨説明（令和２年９月30日）５頁。

（注２） 髙橋前掲Ⅰ（注１）851－852頁。

（注３） 品川芳宣「第１章　非上場株式の評価の基本的考え方」品川前掲（注１）23頁では、「所得税基本通達59－６と異なって、『同族株主』

の判定の時期についての例外規定が設けられていないので、評価通達と同様に取得段階で判定されることになる」と解説されている。同様の見解として、牧口ほか前掲Ⅰ（注2）271－272頁参照。

Ⅳ　所得税法上の時価

所得税法では、所得税基本通達23～35共－9、59－6において譲渡人の取扱いが定められている。具体的に定められている内容は法人税基本通達とほとんど変わらないが、財産評価基本通達188の⑴に定める「同族株主」に該当するかどうかについて、譲渡直前の議決権の数により判定することが、明確に定められている。

そして、譲受人の取扱いは、所得税基本通達23～35共－9に定められているとする考え方(注1)と、明確な規定がないとする考え方がある(注2)。ただし、両者のいずれの考え方を採用したとしても、同通達59－6による評価方法を用いることを否定していないため、いずれであっても結論は変わらない。

(注1)　牧口ほか前掲Ⅰ（注2）247頁。

(注2)　森前掲Ⅰ（注1）168頁。

V　一物二価の問題

1　基本的な考え方

前述のように、譲渡人、譲受人が個人であるのか、法人であるのかにより適用される法律が異なる。譲渡人と譲受人の双方が個人である場合には、低廉譲渡が行われたとしても、譲受人の贈与税のみを検討すればよいが、譲渡人と譲受人の一方又は双方が法人である場合には､譲渡人のみなし譲渡益を検討する必要がある。そのため、譲渡人にとっての時価が原則的評価方式であり、譲受人にとっての時価が特例的評価方式である場合（支配株主から少数株主に対して譲渡する場合）、譲渡人にとっての時価が特例的評価方式であり、譲受人にとっての時価が原則的評価方式である場合（少数株主から支配株主に対して譲渡する場合）のように、双方の時価が異なる場合に、いずれの時価を採用すべきかが問題になる。この点については、それぞれの課税所得の計算の問題であることから、一物一価である必要はなく、それぞれの時価に基づいて課税所得の計算をすべきであると考えられる(注)。

まず、原則的評価方式で売買を行った場合について検討を行う。例えば、譲渡人にとっての時価が特例的評価方式であり、譲受人にとっての時価が原則的評価方式である場合において、譲渡人が個人であり、譲受人が法人であるときは、譲渡人にとっての時価を超える金額を譲渡価額としているものの、租税回避に該当しない限り、当該譲渡価額に基づいて譲渡所得の計算を行うことになる。そして、譲渡人が法人である場合には、特例的評価方式による評価額を超える金額を受贈益としたところで、譲渡益（益金）が受贈益（益金）に変わるだけなので、譲渡人の課税所得は変わらない。

そして、譲渡人にとっての時価が原則的評価方式であり、譲受人にとっての時価が特例的評価方式である場合には、譲受人において、特例的評価方式を超える金額を有価証券の取得価額に算入することができるかどうか、言い換えると、寄附金に該当するかどうかが問題となる。しかしながら、有価証券の転売が予定されていない限り、その時点における譲受人の課税所得は変わらないことから、税務調査において問題となることはほとんどない。

これに対し、特例的評価方式で売買を行ってしまうと、租税法上の問題が生じることになる。例えば、譲渡人にとっての時価が特例的評価方式であり、譲受人にとっての時価が原則的評価方式である場合において、譲受人が法人であるときは、譲受人からすれば、原則的評価方式を下回る譲渡価額となっていることから、法人税法上、受贈益を認識する必要がある。そして、譲渡人が法人であり、譲受人が個人であるときは、個人において、所得税法上、一時所得等を認識する必要がある（譲渡人との関係によっては、給与所得等に該当する場合もあり得る）。

さらに、譲渡人にとっての時価が原則的評価方式であり、譲受人にとっての時価が特例的評価方式であり、譲渡人が個人であり、譲受人が法人である場合において、時価の２分の１に満たない価額で譲渡を行ったときは、時価で譲渡を行ったものとみなして、譲渡人である個人において譲渡所得税が課税される（所法59①二、所令169）。そして、譲渡人が法人である場合には、譲渡人である法人における法人税の計算上、時価で譲渡を行ったものとみなして譲渡損益を認識する必要がある（法法61の２①一）。

② 一物二価について明らかにした裁判例

最近、一物二価について明らかにした裁判例が公表された。具体的には、東京地判平成29年8月30日・TAINSコードZ888－2119（控訴審：東京高判平成30年7月19日・TAINSコードZ888－2198、上告審：最三小判令和2年3月24日・TAINSコードZ888－2296、差戻後控訴審：東京高判令和3年5月20日・TAINSコードZ888－2364）、熊本地判平成28年9月21日・TAINSコードZ888－2079、東京地判平成27年12月11日・TAINSコードZ265－12769（控訴審：東京高判平成28年9月8日・TAINSコードZ266－12898）が挙げられる。

東京地判平成29年8月30日は、支配株主である個人から少数株主である法人に対して譲渡を行った事案において、支配株主である個人のみなし譲渡益について争われた事件である。裁判所は、「譲渡人が所有している状態における株式が、一定の議決権割合を占め事業経営への影響力のあるもの（支配力を有するもの）であったのであれば、譲渡人としてはその支配力をも加味した価値のある株式を有していたというべきであり、現に成立した取引において、譲渡人がその有する株式のうちの少数のみを分割して譲受人に譲渡し、譲受人が取得する株式が事業経営への影響力のない株式（少数株式）になったとしても、それは、譲渡人があえて経営への影響力を廃する形で分割譲渡した結果にほかならない。そのため、譲受人が取得した株式が少数株式にとどまるからといって、譲渡人が所有していた状態における資産としての株式の価値を、当該譲渡により分割された後の少数株式の状態で評価することは、……で述べた譲渡所得に対する課税の趣旨に反することになるというべきである」、「個人への譲渡と法人への譲渡とで矛盾が生じるとの指摘は、そもそものような矛盾は所得税法59条1項2号が低額譲渡として法人に対するもののみを規定していることに起因するものであるから、同号の規定を前提とした上で議決権割合の判定を譲渡人又は譲受人のいずれを基準として行うべきかという判断に直接影響はしないというべきである」と判示したことにより、譲受人である法人が少数株主である場合であっても、譲渡人である個人では、原則的評価方式により評価を行うべきであることを明らかにし、その後の控訴審、上告審においても、上記の点については同様の判断を行っている。

そして、熊本地判平成28年9月21日は、少数株主である個人から支配株主である法人に対して譲渡を行った事案において、支配株主である法人の受贈益について争われた事件である。裁判所は、「株式の譲受人に発生した受贈益の額を算定する場合、譲受人が当該株式の譲受けによりいかなる利益を得たかを基準とすべきであるから、『中心的な同族株主』に当たるか否かは『譲受人』について判断するのが相当である。所得税基本通達59－6は、株式の譲渡人において生じた譲渡益に課税する場面における取扱いを示したものであって、場面を異にするから、株式の譲受人である法人の受贈益を算定する場面に類推するのは失当であり、原告の主張は採用できない」と判示している。このように、熊本地裁でも、譲渡人である個人が少数株主である場合であっても、譲受人である法人が支配株主である場合には、原則的評価方式により評価を行うべきであると判断したことがわかる。

最後に、東京地判平成27年12月11日は、支配株主である個人から少数株主である法人に対して譲渡を行った事案において、支配株主である個人のみなし譲渡益について争われた事件である。本事件では、「キャピタルゲインについて課税することを基本原則とするとしても、非上場株式の譲受人が、株式の譲受後においても『同族株主以外の株主』に該当し、当該株式について株主の権利を行使することはおよそ考えられず、配当による利益のみを享受するような財団法人（当時）である場合には、同株式を配当によって得られる利益と大幅にかけ離れた金額で譲り受けることを想定することは、現代社会における取引の実情からして、およそ常識に反し、不合理なものであって、このような場合には、より実情を直視し、同株式の時価を配当還元方式により評価することが相当である」という納税者の主張に対し、裁判所は、「所得税基本通達59－6(1)は、評価通達188(1)に定める『同族株主』に該当するかどうかは、株式を譲渡又は贈与した個人の当該譲渡又は贈与直前の議決権の数により判定することとしているのであって、本件においては、本件寄附の際の贈与者である原告について、その譲渡直前の議決権の数により判定することになるのであるから、原告の主張が上記所得税基本通達の定めの適用関係を争うものであれば、そもそも失当である」と判示しており、控訴審でも同様の判断を行っている。

このように、最近の裁判例では、一物二価の考え方を採用しているということがいえるため、実務上も、一物二価の考え方により時価の算定を行う必要があるということがいえる。

（注） これらをまとめたものとして、森前掲Ⅰ（注１）148－170頁、牧口ほか前掲Ⅰ（注２）246－251頁がある。

Ⅵ　自己株式の取得

第4章で解説したように、時価と異なる価額で自己株式の買取りを行った場合には、株主間贈与が問題となり、発行法人において課税上の問題が生じない。

そうなると、既存株主との間で贈与が行われたかどうかにより、時価を算定すべきであると考えられる。すなわち、すべての株主が個人である場合において、少数株主から特例的評価方式により自己株式を買い取った場合には、当該少数株主にとっては、特例的評価方式が租税法上の時価であることからみなし譲渡益の問題は生じないが、既存株主のうち支配株主にとっては、原則的評価方式が租税法上の時価であることから贈与税の問題が生じることになる。これに対し、既存株主のうち少数株主にとっては、特例的評価方式が租税法上の時価であることから贈与税の問題は生じない。そのため、例えば、発行済株式総数の10％を保有する少数株主が、発行済株式総数の70％を保有する支配株主に株式を譲渡した場合には、支配株主において、低廉譲渡の対象となった株式のすべてに対して受贈益の対象になるが、発行会社に自己株式を買い取らせた場合には、残りの20％の株主に分散されることから、支配株主に対する贈与部分を薄めることが可能になる。

そして、租税特別措置法37条の10第3項5号では、発行法人が個人株主から自己株式を取得する場合の当該個人株主における所得税法59条の適用について規定されており、租税特別措置法関係通達37の10・37の11共－22では、当該自己株式の時価を所得税基本通達59－6により評価することが明らかにされている。これは、譲渡人における所得税の計算についての規定であることから、既存株主における贈与税の計算には影響を与えない。

なお、少数株主から原則的評価方式により自己株式を買い取ったとしても、当該少数株主にとっては、租税回避とはいい難いため、事実認定や同族会社等の行為計算の否認により、みなし配当を受贈益として処理すべきではない。これに対し、既存株主のうち支配株主にとっては、当該支配株主における評価額で取引がされていることから、寄附を行ったとは考えにくく、寄附金の問題は生じない。

Ⅶ　組織再編

非上場会社が組織再編を行う場合においても、租税法上の問題が生じないようにするために、国税庁方式により合併比率、分割比率、株式交換比率又は株式移転比率（以下、「組織再編比率」と総称する）が算定されることがある(注1)。

この場合において、相続税法上の時価によるのか、法人税法又は所得税法上の時価によるのかが問題となる。なぜなら、組織再編比率は１つしか選べないのに対し、株主が多数存在する場合には、それぞれの株主にとっての時価が異なるからである。

この点につき、本書校了段階において、国税庁の公式見解は公表されていないが、時価純資産法を採用することにより、類似業種比準方式や折衷方式の選択肢を排除している事案が多いようである。そして、時価純資産法を採用しつつも、「財産評価基本通達185に定める１株当たりの純資産価額の算定方式を基に、その会社の保有する土地や上場有価証券の価額を時価により算定し、かつ、評価差額に対する法人税額等の控除をしない等の修正を行って計算した純資産価額」(注2)を用いていることが少なくない。

これに対し、法人税基本通達により評価した組織再編比率を用いている事案も存在する(注3)。さらに、株主が個人のみである場合には、財産評価基本通達により評価した組織再編比率を用いることも容認され得るであろう。

このように、組織再編比率の算定方法には複数の考え方があり、いずれの方法を採用したとしても、その合理性が認められる限り、租税法上も容認されると考えられる。

（注１） 佐藤信祐ほか『新版　中小企業のための合併の法律･会計･税務･評価と申告書作成』58 － 63 頁（清文社、平成 22 年)、朝長英樹ほか『会社合併実務必携　第 3 版』34 － 39 頁（法令出版、平成 29 年)。

（注２） タクトコンサルティング「No.568【Q&A】税務上の問題が生じないための合併比率の算定法」。

（注３） 朝長ほか前掲（注１）37 － 39 頁。

第６章

その他の
みなし配当をめぐる
裁判例・裁決例

第５章まででも、いくつか裁判例、裁決例を紹介したが、それ以外にも、みなし配当に関する重要な裁判例、裁決例が公表されている。

本章では、これらの裁判例、裁決例をそれぞれ解説することとする。

I　日本IBM事件

（東京高判平成27年3月25日・TAINSコード Z266－12802（平成28年2月18日最高裁上告不受理））

(1)　事件の概要

本件は、外国法人である米国WTを唯一の社員とする同族会社であった原告（内国法人）が、平成14年2月に海外の親会社である米国WTから日本IBMの発行済株式の全部の取得をし、その後、平成17年12月までに3回にわたり同株式の一部を、それを発行した法人である日本IBMに譲渡をして、当該株式の譲渡に係る対価の額(利益の配当とみなされる金額に相当する金額を控除した金額)と当該株式の譲渡に係る原価の額との差額である有価証券（日本IBMの株式）の譲渡に係る譲渡損失額を本件各譲渡事業年度の所得の金額の計算上損金の額にそれぞれ算入し、このようにして本件各譲渡事業年度において生じた欠損金額に相当する金額を、平成20年1月1日に連結納税の承認があったものとみなされた連結所得の金額の計算上損金の額に算入して平成20年12月連結期の法人税の確定申告をしたところ、処分行政庁が、法人税法132条1項の規定を適用して、本件各譲渡に係る上記の譲渡損失額を本件各譲渡事業年度の所得の金額の計算上損金の額に算入することを否認する旨の更正の処分をそれぞれするとともに、そのことを前提として、〔1〕平成16年12月期、平成18年12月期及び平成19年12月期並びに平成20年12月連結期の各法人税の更正の処分、〔2〕平成21年12月連結期及び平成23年12月連結期の各法人税の更正の処分及び各過少申告加算税の賦課決定処分並びに〔3〕原告がした平成22年12月連結期の法人税につき更正をすべき旨の請求に対する更正をすべき理由がない旨の通知の処分をそれぞれしたため、原告が、本件各譲渡事業年度更正処分は同項の規定を適用する要件を満たさずにされた違法なものであるとして、本件各更正処分等の取消しを求めた事案である。

なお、平成22年度税制改正により、グループ法人税制が導入され、完全支配関係のある子会社に自己株式として買い取らせたとしても、株式譲渡損を認識することができなくなり（法法61の2⑰）、令和2年度税制改正により、特定関係子法人から受ける配当等の額が株式の帳簿価額の10%相当額を超える場合に株式の帳簿価額を引き下げる特例が導入されたため（法令119の3⑩～⑯、119の4①）、現行法上は、これらの改正の影響を受けない場合にのみ参考にすることができる事件である。

(2) 事実の概要

① 当事者の概要

- 原告は、平成11年4月1日にデロイトが資本の総額300万円の全額の出資の払込みをして成立した有限会社であり、成立した当時の商号は、有限会社トーマツプランニングであった。米国WTは、平成14年2月12日、デロイトから、原告の持分の全部を譲り受け、原告は、同月28日、商号を有限会社アイ・ビー・エム・エイ・ピーホールディングスに変更した。その後、原告の持分の全部は、平成16年12月16日、米国WTからIBM World Trade Asia Holdings LLCに譲渡され、会社法の施行に伴い平成18年5月1日に特例有限会社となった後、平成19年5月23日には、その株式の全部が同社からIBM Japan Holdings LLCに譲渡された。
- 米国WTは、米国IBMにその持分の全部を保有される同社の海外の関連会社を統括する持株会社であり、米国IBMは、明治44年に成立してその株式をニューヨーク証券取引所に上場し、同社及び同社によって直接又は間接に株式を保有されている子会社及び関連会社から成る企業グループ（IBMグループ）の経営を率いる本部としての機能を有する株式会社である。

- IBM World Trade Asia Holdings LLC及びIBM Japan Holdings LLCは、その持分の全部をいずれも米国WT又は米国IBMに直接又は間接に保有されている。
- 原告には、専任の役員及び使用人はいない。
- 原告は、固有の事務所を有していない。
- 米国IBMは、ハードウェア中心の製造販売多国籍企業からグローバルに統合された組織体制でのハードウェア、ソフトウェア及び企業向けサービスを併せて提供するグローバルに統合された企業グループへの業態変革という大きな変革を遂げること目指し、財務管理の権限を米国IBMの財務部門に集中させたり、不要となったハードウェア製品部門の多数の事業を売却してソフトウェア又は企業向けサービス事業を営む多数の企業を買収したりするとともに、平成13年から平成16年にかけて、北米，欧州及び日本を含む事業上主要と考えられる地域に地域又は国単位の中間持株会社を置くことによる子会社の組織の再編をすることとし、日本においても、従前，米国WTの下に日本IBM、APSC及びYSCが、米国IBMの下にDTIが子会社として置かれていたところ、日本IBM、APSC、YSC及びDTIをすべて原告の下に子会社として置くこととする組織の再編（日本再編プロジェクト）をすることとした。

②　原告（有限会社アイ・ビー・エム・エイ・ピーホールディングス）による日本IBM株式の取得

平成14年4月22日に日本IBMの発行済株式の全部を代金1兆

9,500億円で購入した。なお、本件株式購入における取得価額以外の主な契約の内容を成すものは、次のとおりである。なお、当該株式の取得価額はDCF法により算定されている。

- 原告は、取得の価額のうち、1,317億8,000万円は現金で支払い、残額の1兆8,182億2,000万円の代金支払債務については、米国WTと原告との間で消費貸借の目的とする。
- 本件融資につき担保の定めはない。
- 本件融資は、平成24年12月20日を弁済の期日とし、当該日において、原告は本件融資に係る残高総額及び未払利息の総額を支払う。ただし、原告は、米国WTに通知することによって、上記の日の前に融資額の一部又は全部を返済することができる。
- 原告は、米国WTに対し、本件融資に係る利息を毎年12月20日に支払う。なお、原告は、利息の支払日に利息を支払うことに代えて、利息相当額を未返済残高に組み込むことを選択できる。
- 平成14年4月22日から平成17年12月20日までの期間の利率は,年0.6344%とする。

③ 自己株式の取得について

- 平成14年12月20日において、前事業年度終了の時における簿価純資産価額を基に同社の1株当たりの価額を30万5,586円,当該1株当たりの価額を基に取得する株式数を69万7,000株,取得価額の総額を2,129億9,344万2,000円として、自己株式の取得を行った。ただし、平成15年1月6日付けで、直近の取引価額である本件株式購入時の1株当たりの価額（127万1,625円。時価純資産価額）を基礎として、上記の取得する株式数を算出し直している。これにより、日本IBMから送金を受けた金員については、日本IBM株式を取得するための借入金の返済に充てられている。

- なお、上記の結果、平成14年12月期において、有価証券（日本IBMの株式）の譲渡に係る譲渡損失額1,981億9,782万9,185円が、原告の所得の金額の計算上、損金の額に算入される金額として生じた。
- このような取引が、平成15年度、平成17年度にそれぞれ行われている。

(3) 主たる争点

① 本件各譲渡による有価証券の譲渡に係る譲渡損失額が本件各譲渡事業年度において原告の所得の金額の計算上損金の額に算入されて欠損金額が生じたことによる法人税の負担の減少が、法人税法132条1項にいう「不当」なものと評価することができるか否か（争点1）

(イ) 原告をあえて日本IBMの中間持株会社としたことに正当な理由ないし事業目的があったとはいい難いこと

(ロ) 本件一連の行為を構成する本件融資は、独立した当事者間の通常の取引とは異なるものであること

(ハ) 本件各譲渡を含む本件一連の行為に租税回避の意図が認められること

② 前記①において法人税の負担の減少が法人税法132条1項にいう「不当」なものと評価することができる場合に、処分行政庁による本件各譲渡事業年度の課税標準等に係る引き直し計算が適法であるか否か（争点2）

③ 本件更正理由に理由の附記の不備による違法があるか否か（争点3）

上記のうち、裁判所は争点1のみを判断し、「不当」なものと評価されるべきであると認めるに足りないものとして、争点2、3については、争点1が否定されている以上は判断するまでもないもの

としているため、本書においても、争点1のみを検討するものとする。

(4) 本事件の特徴

本事件では、原告による日本IBM株式の取得については、純粋な国内取引であれば株式の譲渡を行った者において課税されていたところ、株式の譲渡を行った者が米国法人である米国WTであり、日米租税条約により日本において課税されず、チェック・ザ・ボックス規則により米国においても課税されない結果となる。

これに対し、自己株式の取得により、平成22年改正前法人税法においては、みなし配当と株式譲渡損の両建てが可能になっていたところ、当該株式譲渡損を平成20年12月期から開始した連結納税制度を利用して、日本IBMの所得との通算を行っている。

さらに、当時の法人税法61条の11第1項2号において、最初連結親法人事業年度開始の日の5年前の日から継続して100％子会社であれば、連結納税の開始に伴う時価評価課税の適用を避けることができると規定されているところ、最初連結親法人事業年度開始の日が平成20年1月1日であり、その5年前の日が平成15年1月1日であり、日本IBM株式を取得したのが、平成14年4月22日であることから、これら一連のストラクチャーが5年を超える長期にわたるものであったということは、連結納税の開始に伴う時価評価課税の適用を避けるためであったという可能性も窺える（なお、当時の繰越欠損金の期限は5年であったことから、原告はその可能性を否定している）。

本事件においては、法人税法132条の3に規定する包括的租税回避防止規定ではなく、法人税法132条に規定する同族会社等の行為計算の否認を適用しているが、最初連結事業年度開始の日前の株式譲渡損について損金算入を否定するためであったからと推定される。

⑸ 当事者の主張

① 第一審における被告の主張

⑴ 法人税法132条1項の射程範囲について

法人税法132条1項にいう「不当」なものであるか否かは、同項が、同族会社について、一般に一人又は少数の株主又は社員によって支配されていることから、会社の意思決定を容易に操作することが可能であり、租税回避行為を容易になし得ることに鑑みて創設されたものであることを踏まえると、専ら経済的・実質的見地において、当該行為又は計算が通常の経済人の行為又は計算として不合理・不自然なものと認められるかどうかを基準として判断すべきであり、行為・計算が経済的合理性を欠いている場合とは、それが異常ないし変則的で租税回避以外に正当な理由ないし事業目的が存在せず、専ら租税回避の目的に出たものと認められる場合や、独立・対等で相互に特殊関係のない当事者間で通常行われる取引とは異なっている場合をいうものと解すべきである。

そして、これらの事項を解明するためには、当該行為又は計算の内容、その必要性、合理性等といった当該行為又は計算自体に関する事情を考慮することはもとより、当該行為又は計算が行われるに至った経緯や目的、その後の状況、当該行為又は計算を行った同族会社と関連会社（同族親会社等）との関係等といった当該行為又は計算に関連する周辺事情も含めて考慮する必要があり、これらを総合して不当性の評価を行うべきである。また、当該行為を行った時点における当該法人の租税回避の意図の有無だけを問題とするのではなく、当該法人と密接に関連する法人の租税回避の意図に従って当該行為が行われたという事実が認定又は合理的に推認できるのであれば、当該法人がいつの時点でその意図を有するに至ったかが必ずしも明確に特定されていなくても、その一連の事実関係は不当性の評価を基礎づける重要な事実となり得るというべきである。

このように、法人税法132条1項において、不当性の評価に影響を与える具体的な事実は、「否認」の対象となる法人の行為又は計算自体に関する事実に限られるものではなく、その周辺事情も広く含まれると解するのが相当である。

(ロ) 本事件への当てはめ

- 本件株式購入がされる前は、米国WTが日本IBMに対して直接に同社の株式を譲渡することによって、日本IBMから利益の還元を受けるという通常の経済人の行為又は計算として合理的かつ自然な取引がされていたところ、本件各譲渡は、上記のような取引の間に、独立した法主体としての事業上の存在意義が極めて希薄な原告を中間持株会社としてあえて介在させたものであり、原告は米国WTのいわゆる分身として、米国IBMの意を受けて日本IBMの株式を法律上形式的に保有していたにすぎず、経済実質的に見れば、日本IBMの株式を保有していたのは米国WTであって、本件各譲渡における実質的な譲渡人も原告ではなく米国WTであるということができる。このことは、〔1〕チェック・ザ・ボックス規則等を活用しつつ、米国の税制上は内部取引として扱われる米国WTから原告への日本IBMの株式の譲渡を行うことによって、原告の下で同社の株式の取得価額をかさ上げする結果を作り出すとともに、〔2〕本件株式購入の前後において、日本IBMが自己株式を取得した都度、その代金を日本から直ちに米国WTへ送金し、米国IBMに日本IBMが得た利益を還元するという経済的、実質的実態は何ら変わっていないにもかかわらず、原告を日本IBMが自己株式を取得する取引に介在させて原告が日本IBMから自己株式の取得に係る譲渡対価を受領することとしたことにより、米国WTの分身としての我が国の内国法人である原告をして、法人税法24条1項5号等の規定の適用を受けることを可能とし、我が国において利用可能な多額の株式譲渡損を計算上発生させたことを意味する。

- 米国IBM及びIBMグループは、わざわざ有限会社である原告を取得し、中間持株会社とするための各種手続を手間暇かけて行ったが、それは、当初から、将来的に日本におけるIBMグループを成す法人について連結納税制度を利用して、日本IBMの株式の譲渡によって生じる有価証券譲渡損失を連結課税所得から控除することを想定したものである。このことは、本件株式購入後に原告が果たした機能やその活動を勘案しても、その持株会社としての役割、活動は形式的、名目的なものにすぎず、原告の持株会社としての具体的な事業上の存在意義は極めて希薄であると評価せざるを得ないことからも裏付けられる。
- このように、いずれもIBMグループを成す法人である米国WTが保有する日本IBMの株式を同社が取得する取引について、傘下に多数のグループ企業を擁する日本IBMとは別に、わざわざ原告を中間持株会社として米国WTと日本IBMの中間に置き、原告を介して日本IBMが自己株式取得により米国側へ利益を還元した一連の行為は、巨額の税負担の軽減という効果を除けば、通常の経済人として正当な事業目的を有する合理的な行為とは到底認められない異常ないし変則的行為であって、遅くとも本件各譲渡の計画がされた時点までに原告ひいては米国IBM及びIBMグループの不当な租税回避を企図した上でされたものといわざるを得ないから、原告による本件各譲渡を容認した場合には、原告の法人税の負担を不当に減少させる結果となるものであることは明らかである。

② 第一審における原告の主張

(イ) 法人税法132条1項の射程範囲について

対象となる行為又は計算の内容あるいは行為そのものが不合理、

不自然なものであることが否認の要件となっているというべきであり（札幌高判昭和51年1月13日判決・訟務月報22巻3号756頁及びその上告審判決である最高裁昭和53年判決も同旨であると解される）、対象となる行為又は計算が行われた背景事情を基礎づける事実にすぎない経緯、目的、その後の状況等の周辺事情又は対象となる行為又は計算を行うに至った同族会社の意思決定過程等の特殊性は、行為若しくは計算の内容又は行為そのものの不合理、不自然さを基礎づける事実ではないから、これらの事情を総合的に判断することにより同項にいう「不当」性を肯定することはできないというべきである。

(ロ)　本事件への当てはめ

• 日本再編プロジェクト（日本におけるIBMグループを成す会社に係る持株会社として原告を設置するプロジェクト）は、IBMグループが平成14年頃に進めていたグローバルな組織再編の一環として、日本における事業展開を見据えた上で、〔1〕日本におけるIBMグループを成す会社を全て持株会社である原告の下に統合すること、〔2〕原告を当時米国IBMが精力的に行っていた事業買収取引における日本の受皿会社とすること、〔3〕原告をして資金のより効率的な配分を行う機能を担わせること及び〔4〕原告をして日本において新規事業を行う場合の受皿会社とすることという4つの目的を達成するために企画実行されたものであるところ、中間持株会社の設置は、いわゆる多国籍企業が世界中において各国への投資形態として頻繁に採用している形態であり、外国企業の対日投資の形態として一般的に採用されるようになった異常性も変則性もないものである。また、本件各譲渡は、そもそも、日本IBMが平成9年以降株主への利益還元手段として採用してきた取引そのものであって、異常な法形式でもなく、変則的な取引でもないところ、日本再編プロジェクトとは全く別の時期に、全く別の意思決定によってされた取引である。そして、これらのこと（原告の設置及び本件各譲渡）は、上記の法人税法の改正、連結納税制度の導入に係る税制改正の動向とは全く無関係に企画、決定及び実行されたものであって、本件各譲渡により原告に有価証券の譲渡損が生ずることや将来連結納税制度を利用してかかる譲渡損を利用することについては何らの関心の対象ではなかった。さらに、自己株式を譲渡する取引によってみなし配当の額が計算されることにより有価証券の譲渡損が発生し、みなし配当の額を含む配当等の額の益金不算入の制度と相まって欠損金が計上されるという結果は、法人税法が定める計算規定の論理的帰結であって、特別な課税の減免ではなく、租税法規が課税所得の計算結果として当然に予定しているものである。

- 被告は，〔1〕行為又は計算を容認した場合には法人税の負担を減少させる結果となることと〔2〕法人税の負担の減少が法人税法上不当と評価される行為又は計算に基づくものであることとを分断して、各々独立した要件とし、いわば縦割り方式で、それぞれに該当する事実の認定及び評価を行うという論法を採っている。その結果、上記〔1〕の要件については、原告による正常な行為又は計算による税額との比較を示すことなく、原告自身の行為としては株式譲渡損の計上に基づく欠損金の計上のみを摘示（比較対象として、米国 WT が直接日本 IBM に対し同社の株式を譲渡した場合という原告以外の者の行為又は計算を挙げる）し、上記〔2〕の要件については、例えば、原告における意思決定過程の特殊性や独立性、主体性の欠如といった、同族会社の行為又は計算であることという別の要件において既に評価済みであって法人税負担の減少と直接結びつかない事実を法人税法 132 条 1 項の「不当」性を基礎づける事実として摘示して、それぞれの要件が充足された旨主張する。このような被告の主張・立証における論法は、例えば、税負担の減少効果のある行為又は計算について、重箱の隅を突いて少しでも不合理、不自然な事実が見つかれば、それが税負担の減少と無関係な事実であっても、同項の適用要件を満たすというものであり、要件事実論を悪用した典型的なこじつけである。

③ 小　　括

このように、法人税法132条に規定する同族会社等の行為計算の否認の適用対象として、原告側は従来の判例・通説に従って厳格に捉えようとしているのに対し、被告側は周辺事情も含めた上で、広く捉えようとしているという点が特徴的である。

すなわち、ヤフー・IDCF事件（最一小判平成28年2月29日・TAINSコードZ266－12813、最二小判平成28年2月29日・TAINSコードZ266－12814）で問題となった包括的租税回避防止規定（法法132の2）と同様に、射程範囲を広くしようとする国税当局の試みを窺い知ることができ、具体的には、従来の経済合理性基準に留まらず、制度濫用論に近い形にまで同族会社等の行為計算の否認の対象を広げたいのであろうという印象を受ける（なお、本書では解説を省略するが、このような傾向として、ユニバーサルミュージック事件（東京高判令和2年6月24日・TAINSコードZ888－2315）を参照されたい）。

(6) 第一審の判断

① 法人税法132条1項の射程範囲について

法人税法132条1項は、税務署長は、内国法人である同族会社（同項1号）に係る法人税につき更正又は決定をする場合において、その法人の行為又は計算で、これを容認した場合には法人税の負担を不当に減少させる結果となると認められるものがあるときは、その行為又は計算にかかわらず、税務署長の認めるところにより、その法人に係る法人税の課税標準若しくは欠損金額又は法人税の額を計算することができる旨を定めており、同項は、その趣旨、目的に照らすと、上記の「法人税の負担を不当に減少させる結果になると認められる」か否かを、専ら経済的、実質的見地において当該行為又は計算が純粋経済人の行為として不合理、不自然なものと認められるか否かを基準として判定し、このような客観的、合理的基準に従って同族会社の行為又は計算を否認する権限を税務署長に与えているものと解するのが相当である（最高裁昭和53年判決参照）。

② 原告をあえて日本IBMの中間持株会社としたことに正当な理由ないし事業目的があったとはいい難いか否かについて

原告は、〔1〕米国IBMが主導的にした日本におけるIBMグループを成す会社に係る組織の再編における持株会社又は企業を買収した複数の案件における受皿会社としてそれぞれ一定の役割を果たしたとはいえないとまではいい難いし、〔2〕資金を柔軟に移動させることを可能としたりIBMグループに係る租税の負担を減少させたりすることを通じてIBMグループが必要とする資金をより効率的に使用することを可能とするような一定の金融上の機能（金融仲介機能）を果たしていないともいい難い上、〔3〕上記の企業を買収した複数の案件以外の企業を買収する案件における受皿会社としての一定の役割を果たすことも期待されていたことも一概に否定し難いと認められる。上記〔1〕ないし〔3〕を前提とすれば、原告に持株会社としての固有の存在意義がないとまでは認め難いというべきである上、企業グループにおける組織の在り方の選択が基本的に私的自治に委ねられるべきものであることや、法令上、外国にある持株会社と我が国にある事業会社との間に有限会社である持株会社を置くことができる事由を限定する規定が見当たらないことも考慮すると、米国WTと日本IBMとの間に中間持株会社としての原告を置いたことに税負担の軽減以外の事業上の目的が見いだせないともいい難いというべきである。

③　本件一連の行為を構成する本件融資は、独立した当事者間の通常の取引とは異なるものであるか否かについて

原告は、本件融資のされた当時、日本IBM等4社の発行済株式の全部を保有していた上、基本的にいずれもIBMグループに属する米国WT及び日本IBM以外の者と債権債務関係が発生することが想定されていないことが認められるから、これらの事情を前提とすれば、本件融資が、独立した当事者間の通常の取引として到底あり得ないとまでは認め難いというべきである。

④　本件各譲渡を含む本件一連の行為に租税回避の意図が認められるか否かについて

被告は、本件各譲渡を含む本件一連の行為に租税回避の意図が認められるとして、(イ)本件株式購入及び本件各譲渡は経済的合理性がないこと、(ロ)原告に有価証券の譲渡に係る譲渡損失額が生ずることとなった経緯から米国IBMが税負担の軽減を目的として意図的に原告に有価証券の譲渡損を生じさせるような事業目的のない行為である本件一連の行為をしたことを推認することができること、(ハ)原告が中間持株会社として置かれた当初からいわゆる連結納税制度を利用して本件各譲渡により原告に生ずる有価証券の譲渡に係る譲渡損失額を連結所得の金額の計算上損金の額に算入することが想定されていたことが合理的に推認されること及び(ニ)本件につき法人税法の適用のない米国法人が濫用的にその適用を受けて租税回避を企図したものと評価することができることをその評価根拠事実として挙げていたが、それぞれ裁判所によって否定されている。

なお、租税回避の意図が認められるか否かという点については、制度濫用論ではなく、経済合理性基準を採用する同族会社等の行為

計算の否認では、裁判所の判断に間接的に影響を与える可能性はあるものの、直接的に影響を与えるべきものではないことから、本書では、詳細な解説は省略する。

(7) 控訴審判決

控訴人（国）は、第一審では、①被控訴人を中間持株会社としたことに正当な理由ないし事業目的があったとはいい難いこと、②本件一連の行為を構成する本件融資は、独立した当事者間の通常の取引とは異なるものであること及び③本件各譲渡を含む本件一連の行為に租税回避の意図が認められることを主張していたが、控訴審では、①及び③の主張を撤回した。

その上で、「控訴人は、当審においては、本件一連の行為（[redacted]による被控訴人の持分取得、本件増資、本件融資、本件株式購入及び本件各譲渡）は、[redacted]グループが日本国内において負担する源泉所得税額を圧縮しその利益を[redacted]に還元すること（以下『本件税額圧縮』いう。）の実現のために一体的に行ったものであるところ、本件一連の行為は、独立当事者間の通常の取引とは明らかに異なるもので経済的合理性を欠くものであり、その結果、被控訴人は、本件税額圧縮を実現しただけでなく、本件各譲渡による巨額の有価証券譲渡に係る譲渡損失額を計上し、法人税の負担を減少させたものであるから、本件一連の行為を構成する本件各譲渡を容認した場合には『法人税の負担を不当に減少させる結果となると認められるものがあるとき』に当たると主張するものである」とした。

これに対し、被控訴人（納税者）は、「『独立当事者間の通常の取引と異なる』ことを主張立証しさえすれば、具体的な意味で『経済的合理性を欠く』ことを主張立証する必要がなくなるというのであれば、税務署長は、『純粋経済人の行為又は計算として不合理、不自然なもの』という不当性を基礎付ける事実の立証負担なしに不当性を認定し得ることになる。しかし、租税回避行為の是正という法人税法132条1項の趣旨等に照らしても、そのような税務署長の立証負担を軽減するような解釈は許されない。また、何が非同族会社であるがゆえになし得ない行為に当たるかを一義的に判断することは困難であるから、『独立当事者間の通常の取引と異なる』という基準は、最高裁昭和53年判決がいう『客観的』な基準とはいい難い。仮に、僅かでも独立当事者間の通常の取引と異なるところがあれば、取引における取引価格その他の経済条件が具体的に経済的合理性を欠くか否かの検討を要せず、また、その差異がどれほど重要なものであるかを吟味せずとも、同項の適用が可能になるとすれば、同項の適用範囲を過度に拡大することになる。そのような解釈は、課税庁の立証負担を不当に緩和し、否認されるべきでない行為を適用対象とするもので、租税法律主義に違反する」と反論した。

これらの主張に対して、裁判所は、「同項が同族会社と非同族会社の間の税負担の公平を維持する趣旨であることに鑑みれば、当該行為又は計算が、純粋経済人として不合理、不自然なもの、すなわち、経済的合理性を欠く場合には、独立かつ対等で相互に特殊関係のない当事者間で通常行われる取引（独立当事者間の通常の取引）と異なっている場合を含むものと解するのが相当であり、このような取引に当たるかどうかについては、個別具体的な事案に即した検討を要するものというべきである」と判断したため、控訴人の主張が一部認められたと考えられる。

さらに、「被控訴人を中間持株会社とすること、すなわち、本件各譲渡以外の本件一連の行為（[redacted]による被控訴人の持分取得、本件増資、本件融資及び本件株式購入）は、[redacted]から[redacted]への利益還元に係る日本の源泉所得税の負担を軽減すること、すなわち、控訴人が主張する本件税額圧縮の実現も重要な目的として、[redacted]が決定した計画に従って実施されたものであることが明らかである。（なお、上記認定は、本件税額圧縮という目的の当不当を評価するものではない。)」としたものの、本件一連の行為が、源泉所得税の圧縮の実現のために一体的に行われたものか否かについては、「本件各譲渡が、本件税額圧縮の実現のため、被控訴人の中間持株会社化([redacted]による被控訴人の持分取得、本件増資、本件融資及び本件株式購入)と一体的に行われたことを認めるに足りる証拠はない」、「被控訴人が中間持株会社となった後は、被控訴人が[redacted]から利益の還元を受ける方法として、配当を受けるとしても、又は自己株式の取得による金銭の交付を受けるとしても、日本の源泉所得税の負担が軽減されることは同じである以上、[redacted]としては、日本の源泉所得税の軽減という目的ではなく、資金需要の必要性や資金効率の改善という観点から、利益還元の時期、規模、方法等を判断すれば足りることになる」、「控訴人の主張は、本件各譲渡における譲渡価額の当否を問題にするのではなく、専ら、[redacted]グループにおける親子会社関係にあった被控訴人と[redacted]との間でなければ本件各譲渡をすることはできなかったという意味で、独立当事者間の通常の取引と異なると主張するものと解したとしても、上記……に説示したところからすれば、[redacted]と親子会社関係にない独立当事者の内国法人であれば、取得価額と同じ譲渡価額で[redacted]による自己株式の取得に応じるという取引があり得なかったと認めることもできないというべきである」と判示した。

　このように、「独立かつ対等で相互に特殊関係のない当事者間で通常行われる取引(独立当事者間の通常の取引)と異なっている場合」にも、経済合理性基準により、同族会社等の行為計算の否認が適用できることを認めただけでなく、源泉所得税の負担を減少させるために行われたスキームであったことも認めながらも、本事件では、同族会社等の行為計算の否認の適用を認めなかった。朝長英樹氏の「国が本件の事実関係に関して『源泉所得税を減らすことを目的として本件一連の行為を行った』という見方を前面に強く打ち出して自らの主張を述べようとしたことが、かえって裏目に出た、という印象を受けます（朝長英樹「検証･IBM 事件高裁判決（第 1 回）」T&A master592 号 16 頁（平成 27 年））」という指摘は、本事件が、法人税の負担を不当に減少させたか否かを争っていることから、まさにそのとおりである。

このように、日本 IBM 事件控訴審判決の内容は、どちらかというと訴訟戦術によるものが強すぎるため、今後の実務にはあまり参考にならないのかもしれない。東京高裁の判断も、控訴人の主張が変わっていれば、異なる結果になったことも否めないからである。

あえて参考になる点を挙げれば、同族会社等の行為計算の否認が適用できる場合として、「独立かつ対等で相互に特殊関係のない当事者間で通常行われる取引（独立当事者間の通常の取引）と異なっている場合」を挙げた点であろう。しかしながら、筆者はこの点についても、本判決が公表される前から、「『通常用いられない法形式の選択』については、達成しようとする経済的成果に合理的な理由がない場合だけでなく、達成しようとする経済的成果に合理的な理由があるものの当該経済的成果を達成するために選択する法形式に合理的な理由がない場合も含まれるべきである（佐藤信祐『組織再編における包括的租税回避防止規定の実務』（中央経済社、平成 21 年）1 頁）」と指摘したため、従来の解釈と変わらないということになる。

Ⅱ 相続税と所得税の二重課税
(大阪高判平成 28 年 1 月 12 日・TAINS コード Z266 − 12779)

1 大阪地判平成 27 年 4 月 14 日
(TAINS コード Z265 − 12646)

(1) 事件の概要

本事件は、亡丙（以下「本件被相続人」という）から相続により取得した株式（破産手続中の会社に係るもの）の株主として受領した残余財産分配金に係る所得のうち資本金等の額を超える金額を、所得税法 25 条 1 項の規定により、みなし配当金として配当所得の金額に計上して平成 22 年分所得税の確定申告をした原告らが、上記みなし配当金に係る所得は原告らが相続により取得した上記株式の基本権である残余財産分配金を受ける権利が実現したものの一部にすぎず、同法 9 条 1 項に規定されている非課税所得に該当することを理由として、更正の請求をしたところ、原処分庁から、更正をすべき理由がない旨の本件各通知処分を受けたため、阿倍野税務署長の所属する国を被告として、本件各通知処分の取消しを求めた事案である。

(2) 原告らの主張

- 清算中の会社の株式には残余財産分配金の取得を可能にするという以外に固有の価値はなく、法的に譲渡できるとしても残余財産分配金の経済的価値と切り離して評価されることはない。したがって、清算中の会社の株式を相続した者は取得できる残余財産の価額相当の価値を相続したものとみなされるべきであり、正にそのような理解の下に、財産評価基本通達も、清算中の会社の株式の課税価格については残余財産分配金の現在価格をもって評価することとしている。

- この点、本件株式は、原告らが相続した時点では破産手続中の会社の株式であるが、その後、清算手続に移行して、清算結了、残余財産分配に至ったのであるから、このような特異な事情に照らすと、清算中の会社の株式と同様の扱いがされるべきである。
- そうすると、原告らは、残余財産分配金を受け得る価値しかない本件株式を相続によって取得したものであり、本件各みなし分配金を受領したことは相続により取得した実現前権利が実現したにすぎないから、本件各みなし分配金は本件非課税規定にいう相続等により取得したものというべきである。
- 所得税法25条がある一方で、財産評価基本通達189－6が、残余財産分配金の見込み額を評価額として相続税を課税していることに照らせば、残余財産分配金の交付及び金額が確定する前に相続が開始した場合に限り、株式に対して相続税を課税することにして、後に交付される残余財産に対する配当所得については本件非課税規定により課税しないものとしているものと解するほかない。
- 平成22年最判（最三小判平成22年7月6日・民集64巻5号1277頁）は、相続税又は贈与税の課税対象となる経済的価値に対しては所得税を課さないという規範を確立したものであるところ、本件各分配金の経済的価値は本件株式の経済的価値と同一である。

⑶　被告の主張

- 本件非課税規定の趣旨は、相続等によらない所得（相続等以外の他の原因による所得）に対してまで所得税を課さないとする趣旨を含むものではない。
- 原告らは本件相続によって本件各みなし配当金を取得した等と主張するが、原告らが本件相続によって本件株式を取得した平成18年10月29日においては、本件労働組合等が原告らないし本件会社を被告として提起した損害賠償請求訴訟は終了しておらず、また、本件清算手続が開始される前（同手続が開始されたのは平成19年5月15日である。）であったことから、本件会社に対する本株式に係る残余財産分配請求権は未だ具体的には発生していない。
- 原告らは、本件相続時に残余財産分配請求権が具体化していないとすれば未実現の利得に相続税が課税されていることとなって問題である等とも主張するが、これは相続税の課税の適否の問題であって、本件各通知処分の取消しを求める理由となるものではない。
- 旧所得税法（昭和22年法律第27号）は、昭和24年のシャウプ使節団日本税制報告書（いわゆる「シャウプ勧告」）を受けて、相続に際して、相続財産の時価全体について相続税を課税するとともに、被相続人の保有期間中に生じた資産の値上がり益・含み益（キャピタル・ゲイン）についても、相続時に、被相続人に対して所得税を課税すること〔みなし譲渡課税。旧所得税法（昭和25年法律第71号による改正後のものをいう。以下同じ。）5条の2。〕としていたが、キャッシュフローがない中で相続税と所得税の負担が生じることは、相続人にとって酷であることなどの理由から、昭和27年の改正（昭和27年法律第53号）において、みなし譲渡課税を廃止し、被相続人の保有期間中に生じた資産の値上がり益・含み益については、所得税法60条により相続人が被相続人の取得価額を引き継ぐこととして、課税を繰り延べることとした。このような所得税法の改正の沿革からすれば、所得税法は、相続時における財産に対する相続税の課税とは別に、値上がり益・含み益が具体的に顕在化した時における資産の値上がり益・含み益に対する所得税の課税を行うことを予定しているものといえる。

- 平成22年最判は、将来、現実に受け取る金額が「元本」部分と「運用益」部分から構成されるような相続税法24条1項の「定期金に関する権利」について判示したものというべきであり、その射程は、同法24条によって評価されない相続財産にまで及ぶものではない。また、本件非課税規定の文言に照らせば、平成22年最判の射程は、相続等以外のほかの原因による所得についてまで及ぶと解することはできない。

(4) 裁判所の判断

- 同号にいう「相続、遺贈又は個人からの贈与により取得するもの」とは、相続等により取得し又は取得したものとみなされる財産そのものを指すのではなく、当該財産の取得によりその者に帰属する所得を指すものと解される。そして、当該財産の取得によりその者に帰属する所得とは、当該財産の取得の時における価額に相当する経済的価値にほかならず、これは相続税又は贈与税の課税対象となるものであるから、同号の趣旨は、相続税又は贈与税の課税対象となる経済的価値に対しては所得税を課さないこととして、同一の経済的価値に対する相続税又は贈与税と所得税との二重課税を排除したものであると解される（平成22年最判参照）。
- 原告らは本件株式を相続したことに関して相続税を課されることとなるから、本件非課税規定が適用される結果、原告らが新たに取得する経済的価値である本件株式については、所得税の課税対象とされないこととなる。

- 原告らが本件相続によって取得したのは飽くまで本件株式というべきであり、本件各分配金に相当する経済的価値を本件相続によって取得したということはできない。
- 所得税法25条1項3号のみなし配当課税は、株主等が法人の清算によってそれまで当該法人に留保されていた利益を残余財産の分配として受けたことを課税対象とするのであるから、当該法人の株式を相続人が相続した場合における株式についての相続税の課税とは課税対象を異にするものであるし、また、上記みなし配当課税は法人に留保されていた利益の分配を原因として実現した経済的利益を課税の原因とするものであるから、上記みなし配当課税の対象となる経済的利益は、本件非課税規定にいう相続等を原因として取得したものということはできない。
- 本件株式の評価が残余財産分配金の見込み金額でされた理由は、本件株式が破産手続中の法人の株式であって、その相続時点での価値としてほかの適切な評価の方法がないことから、株主が将来受領する残余財産分配金の見込み額をもってすることとしたものであるにすぎず、かかる評価の方法を用いたからといって、本件株式に対する相続税の課税対象が具体的な残余財産分配金である本件各分配金ということはできない。
- 本件各分配金は、本件会社の清算手続が結了して初めて具体的に成立するものと解すべきであって、原告らが本件相続によって取得したものということはできないし、本件各みなし配当金に係る所得も、本件会社に留保されていた積立利益が本件会社の外に流出するときに初めて、被相続人が保有していた期間中の未実現の留保利益相当分も含めて、相続人らに対する課税所得として生じるものというべきであるから、本件相続によって原告らが取得した経済的利益ということはできない。

・平成22年最判は本件とは事案を異にするものであって、平成22年最判によっても、本件各みなし配当所得に対して所得税を課すことが妨げられることはない。

2 評　　釈

このように、大阪地裁は、所得税法9条に規定する非課税所得の適用を認めなかった。控訴審（大阪高判平成28年1月12日）でも、控訴人が補充主張をしているが、第一審の主張を言い換えただけなので、控訴審でも、第一審と同様の判断がなされている。

そもそも所得税と相続税は二重課税されるものである。非上場株式を取得した相続人が、その非上場会社から配当を受け取ろうとすれば課税されてしまうし、非上場株式を譲渡しようとしても、被相続人の取得費を引き継ぐため（所法60①）、相続時点における含み益に対してまで譲渡所得が課税されることになる。

しかし、被告が主張したように、昭和27年度税制改正により、みなし譲渡課税を廃止し、被相続人の保有期間中に生じた資産の値上がり益・含み益については、所得税法60条により相続人が被相続人の取得価額を引き継ぐこととしたのであれば、このような二重課税はやむを得ないということがいえる。

そのような中で、平成22年最判では、年金払特約付き生命保険への相続税と所得税の二重課税について争われ、納税者が勝訴した。そのため、本事件でも、納税者は、平成22年最判を参考にすることで争っているが、納税者が相続によって取得したのは非上場株式であり、本件各分配金に相当する経済的価値を本件相続によって取得したわけでないことから、平成22年最判は参考にされず、納税者が敗訴している。

Ⅲ　みなし配当に係る源泉徴収義務

（大阪高判平成 24 年 2 月 16 日・TAINS コード Z262 － 11882）

1　大阪地判平成 23 年 3 月 17 日

（TAINS コード Z261 － 11644）

⑴　事件の概要

本事件は、株式会社である原告が、その従業員持株会に対する貸付金を回収するため、同会が保有する原告の発行済株式を代物弁済により取得したところ、処分行政庁が、当該代物弁済により消滅した債権のうち、取得した株式に対応する資本等の金額を超える部分は「みなし配当」に該当し、原告には源泉徴収義務があるとして、原告に対し、源泉徴収に係る所得税の納税告知処分及び不納付加算税の賦課決定処分をしたことから、原告がこれらの処分の取消しを求めた事件である。

⑵　原告の主張

- 本件持株会は、原告の従業員の財産形成に資することを目的として組織されたものであるところ、本件代物弁済は、多額の債務（本件借入金債務）を抱え危機に瀕していた本件持株会、ひいては、従業員持株制度を維持することにより従業員の福利厚生対策の危機を救済するために行われたものであり、原告にとって、単なる資本取引としての自己株式取得にゆえんするものではないから、所得税法25条1項5号に該当する事実関係は認められない。

- 仮に、本件代物弁済がみなし配当に該当するとしても、本件代物弁済が福利厚生目的でされたものであることからすれば、本件代物弁済において消滅した本件借入金債務の金額には、本件株式を取得するための正当な対価（本来の取得価額）に充てられた部分のみが資本等取引としてみなし配当に該当し、その余の部分は福利厚生費に充てられた損益取引とみるべきである。本件株式の時価は類似業種比準価額によれば1株当たり630円と評価することができ、これを上回る部分についてはみなし配当はなかったものとみるべきである。

上記のほか、従業員持株会が民法上の組合なのか、人格のない社団なのかについて争われているが、そもそも、人格のない社団であるとする原告の主張には無理があるし、被告が主張するように、人格のない社団であったとしても、源泉所得税について争われている本事件では結論は変わらないことから、ここでは解説は省略することとする。

(3) 被告の主張

- 原告に対し本件借入金債務を負っており、本件代物弁済によって本件借入金債務が消滅したという事実関係がある以上、このような本件代物弁済は所得税法25条1項柱書き及び5号が規定する要件を充足し、このことは、原告が本件代物弁済を行った目的いかんによって左右されるものではない。
- 取得の対象とされた自己株式に対応する資本等の金額との間で比較の対象とすべきものは、株主等が交付を受けた金銭の額等であるから、法文上、取得の対象とされた自己株式の時価を比較対象としてみなし配当の額を計算すべきものと解釈する余地はない。

(4)　裁判所の判断

- 本件代物弁済の時点において、民法上の組合である本件持株会の会員らは、原告に対し本件借入金債務を負っており、本件代物弁済によって本件借入金債務が消滅したという事実関係がある以上、本件代物弁済は所得税法25条1項柱書き及び5号が規定する要件を充足しており、このことは、原告が本件代物弁済を行った目的いかんによって左右されるものではない。
- 取得の対象とされた自己株式に対応する資本等の金額との間で比較の対象とすべきものは、株主等が交付を受けた金銭の額等であって、法文上、取得の対象とされた自己株式の時価を比較対象としてみなし配当の額を計算すべきものと解釈する余地はなく、本件代物弁済の結果、原告の株主としての地位に基づき、本件借入金債務が消滅するという利益が発生しているのであるから、上記資本等の金額を上回る部分をみなし配当とみるほかないというべきである。

2　大阪高判平成24年2月16日

(1)　控訴人の主張

- 所得税法、法人税法で用いられる「資産」とは、少なくとも将来において便宜をもたらす能力としての用役潜在力を有するもので、かつ譲渡性があるものをいう。上記の資産の意義･性質から、この「資産」に「債務の消滅」が当たらないことは、明らかである。
- 本件代物弁済には、債務者である本件持株会が、本来の給付である借り入れた金銭の支払に代えて、債権者である控訴人の発行済株式を給付したところに特殊性がある。本件代物弁済において、本件借入金債務の消滅を享受するのは、源泉徴収義務者とされる控訴人ではなく本件持株会である。控訴人は、本件持株会に対し、私法上の支払債務を負担しているわけではないし、本件代物弁済によって、その「利益の配当」に係る支払債務が消滅したわけでもない。よって、本件代物弁済は所得税法181条1項の「支払」に当たらない。

上記のほか、第一審と同様に、「本件代物弁済にみなし配当に該当する部分があるとしても、その該当する部分（所得税法1条、法人税法24条1項）は、本件未配分株式と対価関係に立つ正常な時価の範囲に限られる」旨の主張がなされているが、第一審と同様の内容であるため、ここでは解説を省略することとする。

(2) 被控訴人の主張

- 所得税法25条1項柱書にいう「金銭その他の資産の交付を受けた場合」とは、金銭その他の資産が実際に交付された場合だけでなく、同様の経済的効果をもたらす債務の消滅等があった場合も含む。
- 同法181条1項が、「居住者に対し国内において……第24条第1項（配当所得）に規定する配当等……の支払をする者」と規定するとおり、同法24条が規定する「配当等」の支払をした者は、同法181条1項に基づく源泉徴収義務を負うとされている。そうすると、同法25条1項が規定するみなし配当に該当する場合は、同項柱書により、同法24条が定める「利益の配当」がされたものとみなされ、その結果、「利益の配当」をした場合の源泉徴収義務を定めた同法181条1項が当然に適用されることになる。

⑶ 裁判所の判断

- 同柱書にいう「金銭その他の資産の交付を受けた場合」とは、金銭その他の資産が実際に交付された場合だけでなく、同様の経済的利益をもたらす債務の消滅等があった場合も含むものと解される。
- 所得税法181条1項は、源泉徴収義務者を「居住者に対し国内において……第24条第1項（配当所得）に規定する配当等……の支払をする者」と規定している。上記規定は、文理上、「配当等の支払」をする者が、源泉徴収義務者となるという趣旨であり、それ以上に、「配当等」と「支払」を分けた上、「支払」とは、源泉徴収義務者自身が株主等に対して負う支払債務を消滅させる場合に限られると解すべき根拠は、見当たらない。

3 評　　釈

このように、納税者の主張は、第一審でも、控訴審でも斥けられ、敗訴している。さらに、最高裁でも上告不受理となっている（最一小決平成26年1月16日・TAINSコードZ264 － 12386）。

実務上、代物弁済により自己株式を取得した場合であっても、源泉所得税の徴収が必要であるということは言うまでもない。すなわち、1億円の債権がある場合には、源泉所得税を加味した上で、例えば、1億1,000万円に相当する自己株式を取得する必要がある。この場合、自己株式の取得により相殺される債権が増加すると、源泉所得税も同時に増加する関係にあるため、いわゆるグロスアップ計算が必要になってくる。

これに対し、納税者側の主張としては、代物弁済による自己株式の取得につき、対価として「資産」を交付したわけではない、「支払」

には該当しないといった主張をしているが、このような主張が認められないことは容易に想像できる。

それよりも重要なのは、本事件が時価で自己株式を取得したのかどうかという点をほとんど裁判所は検討しておらず、仮に時価を超える金額で取得したとしても、みなし配当の金額は時価を基礎に計算を行うのではなく、代物弁済により消滅した債務の金額を基礎に計算するものとしているという点である。すなわち、1株当たり時価が30円で、1株当たりの資本金等の額が10円である場合において、100円で自己株式を取得したときは、みなし配当の金額は20円ではなく、90円ということになる。この点については、第4章において、同族会社等の行為計算の否認の適用を受けるような特殊事案を除いては、実際の買取価額でみなし配当の金額を計算すべきであると解説した。

本判決は、実際の税務実務における取扱いと変わらず、かつ、その理論構成にも問題がないことから、妥当な判決であったということができる。

Ⅳ　ToSTNeT 市場における自己株式立会外買付取引

(非公開裁決平成 24 年 5 月 25 日・TAINS コード F0 － 2 － 494)

(1)　事件の概要

本件は、審査請求人（以下、「請求人」という）が、保有していた株式を東京証券取引所の ToSTNeT 市場における自己株式立会外買付取引（ToSTNeT-3）を利用して当該株式の発行法人に売却し、その売却により交付を受けた金銭の額の一部が配当等の額とみなされるとして受取配当等の益金不算入の規定を適用していたことなどについて、原処分庁が、当該発行法人による当該株式（自己株式）の取得は、金融商品取引所の開設する市場における購入による取得に当たるから、当該株式の売却により交付を受けた金銭の額について配当等の額とみなされる金額は生じないなどとして法人税の更正処分等をしたのに対し、請求人が、同処分等の全部の取消しを求めた事件である。

自己株式の取得については、原則として、みなし配当の対象となるが、金融商品取引法 2 条 16 項に規定する金融商品取引所（これに類するもので外国の法令に基づき設立されたものを含む）の開設する市場における購入はみなし配当の対象にならないことが明らかにされている（法法 24 ①四、法令 23 ③一）。

本事件は、ToSTNeT 市場が「金融商品取引所の開設する市場」に該当するか否かが争われた事件である。

⑵ 原処分庁の主張

東証は、金融商品取引法 80 条 1 項に規定する内閣総理大臣の免許を受けて金融商品市場を開設する株式会社であるから、同法 2 条 16 項に規定する金融商品取引所に当たり、また、自己株式立会外買付取引（ToSTNeT-3）は、東証が開設する市場のうち、立会市場以外の市場をいう ToSTNeT 市場で行われる取引である。

そうすると、自己株式立会外買付取引（ToSTNeT-3）を利用した[redacted]による自己株式の取得は、法人税法施行令 23 条 3 項 1 号の「金融商品取引所の開設する市場における購入」による取得に該当するから、みなし配当規定の適用がある自己株式の取得には当たらない。

⑶ 請求人の主張

- 法人税法施行令 23 条 3 項 1 号の「金融商品取引所の開設する市場」とは、金融商品取引所が開設した市場全てを含むのではなく、自己株式の取得か投資家間の売買かの区別ができず、みなし配当額としての課税が技術的に困難であるなど、不合理な二重課税を防ぐという価値を犠牲にしてもやむを得ない事情があると評価される市場をいうものと解すべきである。
- この点、自己株式立会外買付取引（ToSTNeT-3）は、自己株式取得のための売買のみが行われる取引であり、みなし配当規定を適用すべき自己株式の取得としての取引であることが明白であるから、みなし配当額として課税する技術的な困難性は存在せず、上記やむを得ない事情があると評価される市場とはいえない。
- 法人税法 24 条 1 項 4 号かっこ書に規定する金融商品取引所の開設する市場における購入による「取得」とは、取引相手が特定できないなどみなし配当額としての課税が困難である場合に限ると解すべきであるところ、本件において、[redacted]が請求人から自己株式を取得したことは明らかであり、その売却金額や売却株式数等も正確に特定されていることからすると、みなし配当額としての課税が困難であるとはいえず、その他にみなし配当規定の適用を排除すべき実質的な理由も存しない。

(4) 国税不服審判所の判断

- 租税法規は、多数の納税者間の税負担の公平を図る観点から、法的安定性の要請が強く働くから、その解釈は、原則として文理解釈によるべきであり、文理解釈によっては規定の意味内容を明らかにすることが困難な場合に初めて、規定の趣旨・目的に照らしてその意味内容を明らかにする合目的的解釈が行われるべきであって、みだりに拡張解釈や類推解釈を行うべきものではないと解するのが相当である。
- そして、法人税法24条1項4号は、みなし配当規定の適用がある自己の株式の取得として、同号かっこ書において、「金融商品取引法第2条第16項に規定する金融商品取引所の開設する市場における購入による取得その他の政令で定める取得」を除外しており、これを受けた法人税法施行令23条3項は、「法第24条第1項第4号に規定する政令で定める取得は、次に掲げる事由による取得とする」と規定し、その1号で「金融商品取引法第2条第16項に規定する金融商品取引所の開設する市場における購入」を掲げているところ、同号に規定する取得の形態は、金融商品取引法2条16項に規定する金融商品取引所が開設するという明確な要件が付された市場における購入による取得とされており、文理解釈によってその意味内容を明らかにすることが困難ということはできないことから、その文言の意味するところに即して解釈すべきである。

・東証は、内閣総理大臣の免許を受けて金融商品市場を開設する株式会社であり、金融商品取引法2条16項に規定する金融商品取引所に該当し、また、ToSTNeT市場は、同(ロ)のとおり、東証が開設する金融商品取引法2条17項に規定する取引所金融商品市場のうち立会市場以外の市場に当たることは明らかである。

■ 評　釈

ToSTNeT市場とは、東京証券取引所における立会市場以外の市場をいい、具体的には、単一銘柄取引及びバスケット取引（ToSTNeT-1）、終値取引（ToSTNeT-2）並びに自己株式立会外買付取引（ToSTNeT-3）に分けられる。

このうち、自己株式立会外買付取引（ToSTNeT-3）は、買方を発行会社に限定した自己株式取得専用の取引であり、実務上も、大量の自己株式の買取りの際には検討することが少なくない。とりわけ、ROEなどの指標が重視されてきている昨今では、ToSTNeT-3を活用した自己株式の買取りは、重要な財務戦略のひとつとなろう。

法人税法24条1項5号では、自己株式の買取りをみなし配当として規定する一方で、市場による自己株式の買取りについては買方が特定できないことから、みなし配当から除外する旨が規定されている。これに対し、ToSTNeT-3では、買方を特定できることから、みなし配当として取り扱った上で、法人税法23条に規定する受取配当等の益金不算入の適用を行いたかった請求人の気持ちもわからなくはなく、請求人の主張はそれに沿った内容となっている。

しかしながら、国税不服審判所の判断にあるように、租税法の解釈は、原則として文理解釈によるべきであり、文理解釈によっては規定の意味内容を明らかにすることが困難な場合に合目的的解釈が行われるべきであって、みだりに拡張解釈や類推解釈を行うべきものではないという点に留意する必要がある。

これに対し、ヤフー・IDCF事件（最一小判平成28年2月29日・TAINSコードZ888－1984、最二小判平成28年2月29日・TAINSコードZ888－1983）では、法人税法132条の2に規定する包括的租税回避防止規定の適用について、制度趣旨を踏まえた判断が強調されていたが、事実認定や個別の規定に対する法令解釈ではなく、包括的租税回避防止規定の適用により否認されたという点に留意する必要がある。

すなわち、法令の趣旨を踏まえた上で解釈すべきであるのは当然としても、あくまでも原則は文理解釈であり、多少は不合理であると感じたとしても、本規定のように明確に規定されているものについて、納税者有利に合目的的解釈をするということはやや慎重であるべきと考えられる。

実務上、ToSTNeT-3における自己株式の買取りは、市場取引に該当するものとしてみなし配当から除外していた事案が多いと思われるが、それを明確化したという意味で重要な事件であると考えられる。

V　みなし配当の非課税所得該当性

（東京高判平成 22 年 6 月 23 日・TAINS コード Z260 － 11455）

1　さいたま地判平成 21 年 11 月 25 日

（TAINS コード Z259 － 11327）

(1)　事件の概要

本事件は、浦和税務署長から原告に対し、みなし配当所得の申告漏れがあるとして総所得金額の更正処分（本件更正処分）及び過少申告加算税の賦課決定（本件賦課決定処分、以下本件更正処分と併せて「本件更正処分等」という）がなされたが、原告はみなし配当所得は生じておらず、また、仮に同所得が生じていたとしても、当該所得は非課税所得に該当するから上記各処分は違法であると主張して、被告に対し本件更正処分等の取消しを求めていた事案である。

本事件では、原告がＡ株式を担保として、Ａから借入れをしていたにもかかわらず、債務の弁済をしなかったため、担保権が実行され、取得価格 2 億 701 万 4,220 円から源泉徴収額 3,737 万 9,200 円を控除した残額 1 億 6,963 万 5,020 円を本件借入金残額に充当されている。それにもかかわらず、原告が、浦和税務署長に対し、本件みなし配当に係る所得 1 億 8,689 万 6,220 円（2 億 701 万 4,220 円から同株式にかかるＡの資本金等の額 2,011 万 8,000 円を控除した金額）を配当所得に含めずに確定申告書を提出したため、更正処分等が行われている。

本事件の争点は、以下のとおりである。

① 本件担保権の実行の適法性（争点1）

② みなし配当所得金額の算定における本件株式の評価方法の適否（争点2）

③ 非課税所得該当性（争点3）

⑵ 争点1における当事者の主張

① 原告の主張

- 原告は、本件貸金債務について、平成14年7月1日以降その弁済をしていないが、本件借入金の最終返済期限は平成19年4月末日なのであるから、Aが原告に対し、本件担保権を実行する旨の通知をした平成16年7月5日以降に返済期限が到来する部分については、いまだ、原告は期限の利益を喪失していなかった。したがって、Aが本件株式の全部について本件担保権を実行することはできなかったのであるから、本件株式の全部について本件担保権が実行されたのは不当であり、本件株式は有効にAに移転していない。
- Aは、本件株式の価額について、原告と合意することなく、本件借入れに係る債権額合計2億701万3,220円を本件株式の4万236株で除して求められた1株当たり5,145円という価格で評価し、本件担保権を実行した。したがって、本件担保権実行は、約定に反してなされたものであり、本件株式は有効にAに移転していない。
- Aは、原告から本件株式を自己の株式として取得しているが、定時株主総会の決議をしておらず、いまだ本件株式は適法にAに移転していない。

② 被告の主張

- 原告に対して本件担保権の実行による弁済を求め、原告がこれに同意したため、期限の利益を喪失させる意思を表示した本件利益喪失通知書をもって催告したが、期間内に履行もなく期限の利益の喪失に対する反論もないため、本件担保権を実行したものである。かかる事情に照らすと、原告は本件担保権の実行に同意していたといえ、この点に関する原告の主張は失当というべきである。
- 本件では、Aは、適正な処分株価を算出するため、B税理士法人に本件株式の株価の評価を依頼し、その結果に基づいた価格で本件株式を取得している。したがって、原告主張のような約定違反はない。
- Aが債権の回収のために担保権の実行として行った本件自己株式の取得は商法210条1項に定める「別段ノ定」に当たり、同条1項の定時株主総会の決議の規制は及ばないと解すべきである。

(3) 争点2における当事者の主張

① 原告の主張

- 被告は、原告が本件担保権の実行により得た収入の金額について、本件株式の1株当たりの価額が5,145円であることを前提としているが、同額は、Aが、本件借入金に係る債権回収額2億701万4,220円を本件株式数で除して求めた額に過ぎない。Aの税務会計処理はともかく、被告にあっては、本件株式の時価を、所得税基本通達59－6に基づいて客観的に算定した上で、上記原告の収入額を算出すべきであった。

② 被告の主張

- 原告は、原告が本件担保権の実行により得た収入額を、本件株式の客観的な価額に基づいて算定すべきと主張するが、本件株式の担保権実行のような取引の場合、取引の当事者が取引価額を決定すべきものであって、課税庁は、これを前提として原告の所得額を算定すればよく、原告の主張は失当である。

(4) 争点３における当事者の主張

① 原告の主張

- 確かに原告はＣに対して出資をし、また貸付金を有しているが、平成16年5月31日現在、Ｃの換金可能金融資産は90万6,529円にすぎず、原告の貸付金は回収見込みがなかった。
- また、出資金の価額については、その株式の時価に基づいて評価すべきであり、基本通達59－6により、まず純資産価額を計算すると、Ｃは、資産を負債が上回るから、純資産価額はマイナスとなり、原告のＣに対する出資金の価額はゼロとなる。
- また、Ｅに原告の名義の株式があるが、これは、同社の代表取締役Ｈに頼まれて名義を貸したものであり、原告は実質的には株式を取得していない。さらに、原告が同社の取締役として登記されていることについては、上記丙が原告に無断で登記したものである。したがって、原告はＥから株式の配当及び役員報酬を受け取ったことがない。
- 加えて、本件担保権の実行は、被告の主張のように原告の承諾の上でなされたものではない。原告は、本件借入金にかかる債務の弁済について、Ａとの間で、本件株式の価額について折り合いがつけば本件担保権の実行に同意するとの意向を持って交渉してきたが、原告は本件株式を1株当たり5,140円で担保権の実行をすることに同意はしていない。

- さらに、被告が主張する原告の債務の他にも、原告はAに対して源泉徴収額3,737万9,200円の債務を負っている。以上のとおりであるから、本件担保権の実行は、原告が上記のとおり債務超過の状態が著しく、資力喪失の状態に陥り、本件借入金に係る債務の弁済が困難となったことに起因してなされたものである。

② 被告の主張

- 原告は、本件株式を譲渡した時点で、以下のとおり総額2億7,661万194円の資産を有しており、これに対して同時点で負っていた負債の総額は2億5,102万7,220円であり、資産の額が負債の額を上回っている。
- 加えて、原告は、……平成13年において、給与収入として1,695万2,520円を、配当収入として201万1,800円を、不動産収入として49万6,499円を、長期譲渡収入として2,895万8,985円をそれぞれ得ており、平成14年及び平成15年において、Aからそれぞれ1,686万4,460円及び1,620万3,280円の役員報酬を得ている上、平成16年においても574万2,000円の給与収入及び400万円の退職金の支払も受けていた。
- 原告は、本件株式を譲渡したとき「資力を喪失して債務を弁済することが著しく困難な状況」にあったとは到底いえない。

⑸ 裁判所の判断

① 争点1

- 「金銭その他の資産の交付を受けた場合」には、金銭のその他の資産の交付のみならず、同様の経済的成果をもたらす債務の消滅等があった場合も含むと解するのが相当である。
- 所得税は、現実に発生した経済的成果を課税対象とするものであるから、同成果の発生の前提となる私法上の行為に瑕疵がある場合であっても、これによる経済的成果が発生し、存続していると認められる以上、同経済的成果を対象に課税することは適法になし得るところである。
- 原告は本件株式の交換価値として2億701万4,220円の経済的成果を受けているのであり、たとえ本件担保権の実行に原告が主張するような違法があったとしても、これによって、当然に上記経済的成果がなくなるものではない。

② 争点2

- 所得税の課税の対象となる、原告が受けた経済的成果は、本件株式の客観的時価に基づいて算出されるものではなく、上記取引において現実に前提とされた価額に基づいて算出されるものというべきであるから、原告が本件担保権の実行により得た収入を、Aが行った算定額を前提として算出することは適法である。

③ 争点3

- 本件株式のAによる取得時に、原告の債務超過の状態が著しく、その信用、才能等を活用しても、現にその債務の全部を弁済するための資金を調達することができないのみならず、近い将来においても調達することができないと認められる場合には該当しないといわざるを得ない。

2 評　釈

このように、さいたま地裁は、納税者の主張を認めず、更正処分等が適法であると判断した。控訴審(東京高判平成22年6月23日・TAINSコードZ260－11455)でも、第一審の判断が踏襲されており、上告審（最二小決平成23年6月24日・TAINSコードZ261－11704）では、上告不受理となっている。

上記のうち、争点1、争点3は解説するまでもないと思われる。そもそも合法的に自己株式の取得は成立しているし、原告の資力は十分にあると認められる。ただし、「たとえ本件担保権の実行に原告が主張するような違法があったとしても、これによって、当然に上記経済的成果がなくなるものではない」と裁判所が判断したことについては注目に値する。

そして、争点2であるが、自己株式の時価ではなく、実際の取引価額によりみなし配当を計算すべきだと判断している点については、第4章で解説したとおりである。すなわち、高額取得であると判断されたとしても、みなし配当を時価に修正する必要はないということになる。

Ⅵ 事業協同組合員の死亡脱退の払戻請求権

(東京高判平成 20 年 11 月 27 日・TAINS コード Z258 － 11087)

(1) 事件の概要

本事件は、中小企業等協同組合法に基づく事業協同組合である原告が、組合員の死亡脱退に係る脱退組合員持分払戻金のうち組合員の出資金を超える部分が所得税法25条の定めるみなし配当に当たるとして、配当所得に係る源泉所得税の納税告知処分及び不納付加算税の賦課決定処分を受けたが、上記払戻金は組合員の死亡後確定するものであって組合員に帰属するものではないから、組合員の所得に係る所得税の課税の対象とならないなどとして、それらの取消しを求めた事件である。

なお、本事件の争点は、以下のとおりである。

争点１：事業協同組合の組合員の死亡による脱退に伴う持分の払戻請求権は、死亡した組合員に帰属し、その出資額を超過した払戻額は、死亡した組合員の所得となるか。

争点２：事業協同組合の組合員の死亡による脱退に伴う持分の払戻請求権は、相続税法３条１項２号及び相続税法基本通達が定める、死亡後３年以内に支払われる退職手当金等と同様に、相続税のみを課し、所得税は課されないと解すべきか。

このうち、争点２については、東京地裁判決にあるように、「組合員の持分、あるいはその払戻請求権は、いわば組合の純資産に対して組合員が当然に持つべき『分け前』であり、組合員の基本的な権利として位置づけられる性質を有するものであって、実質的にみても、これを雇用契約等から生じる退職手当金、賞与、給与等と同一に扱うべき理由はない」ことから、論ずるまでもないため、本書では、争点1についてのみ解説を行うこととする。

(2) 原告の主張

- そもそも死亡により成立する権利が、死亡した者にいったん帰属することはあり得ない。
- 原告の定款においては、その11条により、組合員が死亡した場合は、相続人が、死亡した組合員の地位を承継することができ、相続人が組合員の地位を承継しない選択をして初めて脱退の効力が生じるのであるから、払戻請求権は相続人固有の権利であり、死亡した組合員の所得とはならない。
- 死亡脱退の場合も死亡した年の事業年度が終了するまでは持分払戻請求権は発生も確定もしていないのであり、所得税法36条1項の「権利確定主義」の考え方からも、死亡時に未だ確定していない持分払戻請求権が、死亡脱退した組合員に帰属することは考えられない。

(3) 被告の主張

- 死亡によって脱退した者の持分の払戻請求権は、組合員の脱退の事実があった日、すなわち死亡の日に確定し、その日に組合員の所得が実現することとなる。
- 所得税法36条1項のいわゆる権利確定主義は、当該所得が、1つの権利義務の主体のどの年の所得として認識されるかという年度帰属の問題であり、権利が誰に帰属するかという問題ではないところ、組合員が死亡により脱退すれば、組合員に当然に払戻請求権が発生し、帰属することになるから、この払戻請求権は、組合員の死亡の時点で、当該組合員のその年の所得として確定するというべきである。

(4) 裁判所の判断

- これらの規定（筆者注：中小企業等協同組合法19条、20条）によれば、組合員が死亡した場合には、当該組合員は、当然に組合から脱退するとともに、その持分の払戻請求権を取得することを定めたものと解するのが自然である一方、中小企業等協同組合法の他の規定を見ても、持分払戻請求権が、組合員の死亡等による脱退の時点ではなく、それよりも後の時点で発生することをうかがわせる規定や、持分払戻請求権が、死亡した組合員ではなく、その相続人に発生することをうかがわせる規定は何ら存在しない。
- 中小企業等協同組合法の規定及び原告の定款によれば、原告においては、組合員の死亡により、原則として、脱退後の事業年度末日における払戻対象金額を出資口数に応じて算定した金額の持分の払戻請求権が当然に発生し、払込済出資額等以上の額の部分は、総会決議により減額されることがあることをいわば一部解除条件として、死亡した組合員がこれを取得するというべきである。
- 原告は、死亡により成立する権利が死亡した者にいったん帰属することはあり得ない旨を主張するが、持分払戻請求権は組合員の死亡によって発生する権利であって、およそ死亡によって組合員にいったん帰属することが法律上あり得ないということはできない上、実質的にみても、持分払戻請求権は組合員が有していた持分がいわば金銭に転化したものであって、同一性が認められるから、持分払戻請求権が死亡した組合員にいったん帰属すると解すべきことには合理性が認められるのであって、この点についての原告の主張は採用の限りでない。

- 原告の定款11条は、死亡した組合員の相続人で組合員たる資格を有する者の1人が相続開始後30日以内に加入の申出をしたときは、「相続開始の時に組合員になったものとみなす」旨の規定であり、その規定ぶりからも明らかなように、中小企業等協同組合法19条1項2号の規定により組合員の死亡によっていったん脱退の効果が生じることを前提とした上で、組合員である相続人が、被相続人たる組合員の死亡後に加入の申出をした場合に、遡ってその相続人が相続開始の時に組合員となったと「みなす」にすぎず、原告の主張するように、組合員たる相続人が加入の申出をしなかったときにはじめて、死亡した組合員の脱退の効力が生じたり、持分の払戻請求権が発生することを定めた規定であると解することは到底できない
- そもそも権利確定主義は、当該所得が1つの権利義務の主体のどの年の所得として認識されるべきであるかという、所得の年度帰属の問題であるところ、組合員の死亡脱退に伴う持分払戻請求権は、前記のとおり、組合員の死亡によって組合員の所得として発生するのであって、組合員が死亡した年の所得として認識されることになることは明らかであ（る。）

■ 評　釈

このように、東京地裁は原告の請求を棄却し、被告が勝訴した。また、原告は東京高裁に控訴したが、平成20年11月27日に棄却された（TAINSコードZ258 － 11087）。

本事件で問題となった中小企業等協同組合法では、以下のように定められている。

■中小企業等協同組合法

（法定脱退）

第19条　組合員は、次の事由によつて脱退する。

一　組合員たる資格の喪失

二　死亡又は解散

三　除名

四　第107条から第109条までの規定による公正取引委員会の確定した排除措置命令

五　持分の全部の喪失（信用協同組合又は第9条の9第1項第1号の事業を行う協同組合連合会の組合員に限る。）

2　省略

3　省略

（脱退者の持分の払戻）

第20条　組合員は、第18条又は前条第1項第1号から第4号までの規定により脱退したときは、定款の定めるところにより、その持分の全部又は一部の払戻を請求することができる。

2　前項の持分は、脱退した事業年度の終における組合財産によつて定める。

3　前項の持分を計算するにあたり、組合の財産をもつてその債務を完済するに足りないときは、組合は、定款の定めるところにより、脱退した組合員に対し、その負担に帰すべき損失額の払込を請求することができる。

本事件の事実関係を見る限り、中小企業等協同組合法に従った定款が定められているものの、定款11条にて、死亡した組合員の相続人で組合員たる資格を有する者の1人が相続開始後30日以内に加入の申出をしたときは、「相続開始の時に組合員になったものとみなす」旨の規定であったという問題がある。この点については、裁判所の判断にあるように、相続人が組合員になるのであれば、遡ってその相続人が相続開始の時に組合員となったとみなされることから、停止条件ではなく、解除条件が付された形で被相続人に払戻請求権が発生する。

また、定款14条では、組合員が脱退したときは払戻対象金額が減額される可能性がある旨が記載されているものの、死亡のときにはそのような規定はないため、死亡により脱退した事業年度終了の日における組合財産を基礎として払戻対象金額が算定される。

このように整理してみると、相続人にて払戻請求権が発生したとみることはできず、被相続人にて払戻請求権が発生したと考えることになろう。

なお、本事件で争われているのは、平成13年3月分、平成15年7月分及び平成15年12月分の各月分の源泉所得税である。それが故に、争点2にて、「相続税のみを課し、所得税は課されない」との主張がなされているが、この主張が認められないことは言うまでもない。そうなると、源泉所得税の支払期日の問題のみとなってくるが、納税告知処分及び賦課決定処分が平成17年12月26日であり、払戻対象金額を確定させる通常総会が開かれたのは平成15年5月30日である。判決文の別紙2を見てみると、平成17年3月末時点で、払戻対象金額のうち、3分の1は未払いではあるものの、残りの3分の2は支払われている。

そのため、本事件は、そもそも納税者が源泉所得税の徴収を怠っていたということがスタートであり、税務コンプライアンスの観点からは納税者に落ち度があったということもいえる。

いずれにしても、本事件は数少ない中小企業等協同組合法についての事件であり、実務上も参考にすべきものであると考えられる。

著者略歴
佐藤　信祐（さとう・しんすけ）
公認会計士、税理士、博士（法学）
公認会計士・税理士　佐藤信祐事務所所長
平成11年　朝日監査法人（現有限責任あずさ監査法人）入社
平成13年　公認会計士登録、勝島敏明税理士事務所（現デロイトトーマツ税理士法人）入所
平成17年　税理士登録、公認会計士・税理士佐藤信祐事務所開業
平成29年　慶應義塾大学大学院法学研究科後期博士課程修了（博士(法学)）

改訂版
みなし配当の税務

令和２年４月１日　初版発行
令和４年６月20日　改訂初版

日本法令®

〒101-0032
東京都千代田区岩本町1丁目2番19号
https://www.horei.co.jp/

検印省略

著　者　佐　藤　信　祐
発行者　青　木　健　次
編集者　岩　倉　春　光
印刷所　神　谷　印　刷
製本所　国　　宝　　社

（営　業）　TEL　03-6858-6967　　Eメール　syuppan@horei.co.jp
（通　販）　TEL　03-6858-6966　　Eメール　book.order@horei.co.jp
（編　集）　FAX　03-6858-6957　　Eメール　tankoubon@horei.co.jp

（オンラインショップ）　https://www.horei.co.jp/iec/
（お 詫 び と 訂 正）　https://www.horei.co.jp/book/owabi.shtml
（書 籍 の 追 加 情 報）　https://www.horei.co.jp/book/osirasebook.shtml

※万一、本書の内容に誤記等が判明した場合には、上記「お詫びと訂正」に最新情報を掲載しております。ホームページに掲載されていない内容につきましては、FAXまたはEメールで編集までお問合せください。

ISBN 978-4-539-72904-5